Un Guide Complet

LE JEÛNE EN ISLAM

&

Le Mois de Ramadan

Un Guide Complet

LE JEÛNE EN ISLAM

&

Le Mois de Ramadan

Ali Budak

Traduit et révisé par
Şerife Günay - Kafiha Karakuş

2005

Première édition en turc: "*Soru ve Cevaplarla Oruç*", 2005

Publié par The Light, Inc.
26 Worlds Fair Dr. Suite C
Somerset, New Jersey, 08873, USA
E-mail: contact@thelightinc.com
www.thelightpublishing.com

Traduit et révisé par
Şerife Günay - Kafiha Karakuş

ISBN: 1-59784-003-3

Imprimé par Çağlayan Matbaası
İzmir, Turquie
Octobre 2005

SOMMAIRE

INTRODUCTION

Aussi loin que l'on puisse regarder dans le passé, l'on remarque la présence d'une pensée religieuse dans toutes les communautés et sociétés, même dans les tribus les plus primitives.

La définition du terme *religion* est la suivante: «La religion est l'ensemble des lois divines qui guide les gens vers le bien.» La religion s'adresse à tous les individus qui ont la capacité de réfléchir et de choisir, à savoir l'intelligence et le libre arbitre. Ainsi, ceux qui obéissent aux lois divines ne le font que par l'usage de leur libre arbitre. Loin de paralyser le libre arbitre et la volonté de chacun, la religion leur assigne la place qui leur revient. Il est conseillé aux êtres humains d'utiliser leur penchant naturel et conscient pour le bien. Ce conseil n'est pas appliqué par la force, au contraire, c'est au libre arbitre de l'humanité qu'il est fait appel. Le but ultime de la religion est de mener les gens, de leur plein gré, vers le bonheur absolu et éternel.

C'est grâce à la **croyance** (*iman*) que la religion guide l'humanité vers le bien; celle-ci constitue l'essence de la religion. Par la sagesse et le raisonnement, l'observation directe de la nature et la contemplation des vérités qu'elle expose, l'être humain est capable d'en déduire qu'il doit y avoir un Créateur qui l'a créé, lui ainsi que l'univers entier, et peut ainsi atteindre le degré de certitude dans sa foi.

Cependant, une véritable croyance nécessite bien plus que la simple affirmation de la raison. La foi en Dieu ne peut être pleinement appréciée que quand elle est enseignée par le truchement des Prophètes et que nous entendons le Nom Divin prononcé de leur bouche bénie. Ces Prophètes nous enseignent la vérité sur toute chose, nous informent de notre rapport avec l'univers et confirment la voix de notre conscience et l'affirmation de notre cœur. C'est ainsi que nous atteignons la vraie guidée en suivant les pas des Prophètes et en ayant, en le Messager de Dieu, le meilleur modèle de conduite, ce qui nous permet d'attendre avec espoir la rencontre de Dieu

Qu'une telle foi pure et authentique puisse demeurer toujours fraîche et forte dans les cœurs, sans se faner ni se flétrir, dépend de l'**adoration** *(ibâdat)*. Les actes d'adoration[1] sont des boucliers et des armures qui protègent la foi de l'oisiveté et de l'affaiblissement. Tous les croyants doivent donc prier avec leur cœur, leur intelligence et leur corps afin de nourrir leur foi. L'adoration est le meilleur moyen de montrer que Dieu (*Allah*) est le seul et unique Dieu à être adoré, et que les êtres humains sont Ses serviteurs. Les actes d'adoration sont donc pour nous le moyen de manifester notre connaissance de Dieu et d'harmoniser notre rapport de créature à Créateur.

Il existe un autre aspect de la religion qui a trait aux **relations sociales**, c'est-à-dire aux relations humaines et à celles qui lient les êtres humains aux événements (*mouamalat*). Les vrais croyants recherchent l'agrément de Dieu dans toutes les relations qu'ils établissent. Par exemple, les principes et l'éthique du commerce doivent être soumis aux critères divins, et tous les rapports inter-humains doivent être menés au Nom de Dieu et selon Ses commandements. Les activités économiques du commerçant qui agit ainsi deviennent une forme d'adoration, car il s'est soumis à la Volonté de Dieu.

La religion est un tout. C'est l'ensemble des principes divins qui engendrent diverses formes d'adoration. Ceux qui acceptent certains éléments de la religion tout en en rejetant d'autres montrent par là leur manque de connaissance et leur incompréhension du sens de la vraie religion. La religion est telle un arbre: tout ce qui est lié à la foi est sa racine, les actes d'adoration sont ses branches, les relations sociales (humaines) ses fleurs, les lois sa protection, et les prières sa nourriture. C'est donc cette religion universelle offrant un tout indivisible qui a été tout entière décrétée par Dieu, et qui a été transmise et enseignée aux êtres humains par Ses Messagers. De même que les parties en corrélation et coopération for-

---

1 Les actes d'adoration sont les actes cultuels par lesquels le croyant offre sa servitude à son Créateur (la prière, le jeûne, la méditation, l'évocation des Noms de Dieu, la récitation du Coran, etc.), ainsi que tous les autres actes faits dans le même but.

ment cette entité intégrale qu'est l'arbre, le jeûne en tant qu'acte d'adoration forme une partie essentielle de l'ensemble des principes divins.

Voici donc le jeûne, acte d'adoration de cette religion qui recouvre tous les domaines de la vie, présenté dans cet ouvrage en questions et réponses.

Rappel: il ne faut pas faire d'*ijtihad*, c'est-à-dire émettre de nouveau jugement, là où les *nass*[2] ont déjà apporté un jugement, ou là où les savants ont déjà conclu, d'un commun accord et par analogie, un jugement sur un nouveau sujet, en conformité avec les jugements des nass. Toutes les questions et réponses que nous avons voulu vous transmettre reposent sur ce principe. S'il s'y trouve un quelconque jugement qui sorte de ce principe, c'est que le sujet traité convient au domaine de l'*ijtihad*, et que le jugement que nous vous avons transmis a été émis par des savants spécialisés dans ce domaine. Qu'il soit bien clair que nous n'avons jamais émis de nouveau jugement, car cela ne relève pas de notre compétence. Ce travail ne saurait être entrepris que par un comité de savants experts en *ijtihad*. Notre unique objectif, à travers ce livre, a été de vous transmettre de façon claire et ordonnée, les sujets traités dans les livres de références, et ainsi de pouvoir vous être utiles.

Ali Budak

---

2 Versets coraniques et hadiths fournissant des preuves irrécusables.

Chapitre 1

Qu'est-ce Que le Jeûne ?

QU'EST-CE QUE LE JEÛNE ?

L'équivalent arabe du mot *jeûne* est *sawm* et signifie littéralement «s'abstenir». Quant à son sens usuel dans le Coran et la Sounna, c'est «assujettir son moi charnel en s'abstenant, dans un but précis et de façon consciente, de manger, de boire et d'avoir des rapports sexuels de l'aube jusqu'au coucher du soleil, afin de maintenir une maîtrise de soi et une discipline spirituelle».

Comme beaucoup d'autres préceptes religieux, le jeûne a été rendu obligatoire non pas dès les premières années de l'islam, mais durant la période médinoise, au mois de Chaban de l'an 2 de l'hégire.

Divines ou non, toutes les religions ont apporté un ensemble de préceptes et d'interdictions auxquels doivent se conformer ses adeptes. Ces derniers montrent leur sincérité et leur loyauté envers leur religion en mettant en pratique ses enseignements. Il en est de même pour l'islam, religion de justice et de vérité divine, qui ordonne à ses fidèles d'accomplir certains actes d'adoration et d'adopter un certain comportement moral, comme une condition de leur foi musulmane.

La pratique du jeûne pendant le mois de Ramadan (9ème mois du calendrier lunaire islamique) est l'un des cinq piliers de l'islam. Cela est ordonné dans le saint Coran et est donc obligatoire. Le Coran traite chaque sujet de façon succincte et générale. C'est le Prophète Mohammed[3], celui à qui le Livre a été révélé, qui l'a ex-

---

3 Dans les ouvrages où le Prophète Mohammed est mentionné, son nom et son titre sont habituellement suivis par l'expression «la paix et les bénédictions de Dieu soient sur lui», ceci afin de montrer notre respect pour lui et parce que cela constitue une obligation religieuse. Une expression similaire est employée pour les autres Prophètes, les Compagnons et d'autres illustres Musulmans. Toutefois, une telle pratique étant susceptible de distraire les lecteurs non musulmans, nous avons jugé bon de ne pas faire apparaître ces expressions dans ce livre, en supposant qu'elles seront prononcées par le lecteur musulman et en assurant ne pas avoir voulu manquer de respect.

pliqué en détail, et c'est effectivement lui le plus grand exégète du Coran.

Y A-T-IL DES PREUVES DE L'OBLIGATION DU JEÛNE DANS LE CORAN ?

Les deux versets suivants révèlent que le jeûne est obligatoire (*fardh*)[4] en islam:

> O les croyants! On vous a prescrit le jeûne comme on l'a prescrit à ceux d'avant vous, ainsi atteindrez-vous la piété. (sourate 2 / verset 183)
>
> (Ces jours sont) le mois de Ramadan au cours duquel le Coran a été descendu comme guide pour les gens, et preuves claires de la bonne direction et du discernement. Donc quiconque d'entre vous verra poindre le croissant, qu'il jeûne! Et quiconque est malade ou en voyage, alors qu'il jeûne un nombre égal d'autres jours. - Dieu veut pour vous la facilité, Il ne veut pas la difficulté pour vous, afin que vous en complétiez le nombre et que vous proclamiez la grandeur de Dieu pour vous avoir guidés, et afin que vous soyez reconnaissants! (2/185)

QUELLES SONT LES PREUVES DE L'OBLIGATION DU JEÛNE DANS LA SOUNNA ?[5]

«L'islam est fondé sur cinq piliers: attester qu'il n'y a d'autre divinité que Dieu et que le Prophète est le serviteur et le Messager de Dieu, faire la prière prescrite (*salât*), payer l'impôt purificateur (*zakât*), accomplir le jeûne du Ramadan, et se rendre en pèlerinage à la Maison de Dieu (*Baïtullah*) pour ceux qui en ont les moyens.»[6]

Un autre hadith nous prouve aussi que le jeûne est obligatoire:

---

4 Les termes *fardh* et *wâdjib* ont tous deux le sens de «obligatoire». Or il y a une différence entre les deux: *fardh* indique que l'obligation est absolue et divine, et qu'elle se trouve dans le Coran ou dans les hadiths, et *wâdjib* (que nous pouvons traduire par «nécessaire»), fait référence à l'obligation qui n'a pas été stipulée clairement dans les sources sacrées de l'islam, mais qui est néanmoins appuyée par des preuves irréfutables.

5 Sounna: enseignements du Prophète Mohammed.

6 Bukhari, Iman 1; Muslim, Iman 20; Tirmidhi, Iman 3.

«Un homme avec les cheveux en désordre vint au Prophète et dit:

- O Messager de Dieu! Peux-tu m'informer de ce que Dieu a rendu obligatoire pour moi dans le domaine du jeûne?
- Il a ordonné le jeûne du mois de Ramadan, répondit le Prophète.
- Ai-je une autre dette en dehors de cela? reprit l'homme.
- Non, sauf ce que tu fais de toi-même comme jeûne surérogatoire.
- Informe-moi aussi de la zakât que Dieu a rendue obligatoire, continua-t-il. Alors le Prophète lui exposa les piliers et les voies montrées par l'islam. Ensuite, l'homme dit:
- Je jure au nom de Dieu que je ne ferai rien de plus ni de moins que ce que tu m'as dit.
- S'il dit vrai, cet homme est sauvé, commenta le Prophète.»[7]

QUELLE EST L'HISTOIRE DU JEÛNE DANS LES CIVILIZATIONS DU MONDE ?

Le jeûne, qui est un acte d'adoration, a existé durant toutes les périodes de l'histoire humaine sous différentes formes. Mais ces différences n'ont existé que dans les détails de la pratique. L'on peut dire que dans la quasi-totalité des religions antérieures, malgré les différences de forme, de temps, de but et de caractère, le jeûne, ou ce qui lui ressemble, a toujours été un acte d'adoration. Le jeûne est une institution spirituelle particulièrement bien établie chez les juifs et les chrétiens, et est mentionnée non seulement dans le Nouveau et l'Ancien Testament, mais aussi dans le Mahabharata des hindous et les Upanishads de l'Inde, et aussi chez les Jaïns. L'importance du jeûne en tant que forme de dévotion spirituelle a toujours été la même parmi toutes les nations et les communautés comme celles de l'antiquité, à savoir les Celtes, les Aztèques, les Babyloniens, les anciens Péruviens et les Assyriens

---

[7] Bukhari, Iman 34, Sawm 1; Muslim, Iman 8, 9; Abu Dawud, Salat 1; Nasai, Salat 4.

Quant à la plus grande preuve de l'existence du jeûne avant l'islam et de son obligation pour tous les peuples, modernes et anciens, c'est ce verset coranique: *O les croyants! On vous a prescrit le jeûne comme on l'a prescrit à ceux d'avant vous, ainsi atteindrez-vous la piété*. (2/183)

COMMENT EST DÉFINI LE JEÛNE DANS LE JUDAÏSME ?

Les juifs appellent le jeûne *taanit*. Ce mot vient de la racine *ta'ânat* et prend le sens de faire souffrir son moi charnel ainsi que son corps.

Il y a beaucoup d'exemples de jeûne dans le judaïsme. Le plus important d'entre eux est le jeûne obligatoire du Yom Kippour qui survient le 10ème jour du 7ème mois hébreu et qui a été formellement ordonné dans la Torah.

Pour les juifs, le Kippour est le grand jour de jeûne et la plus grande fête religieuse. Il est aussi appelé le Jour de l'Expiation. C'est la journée du pardon et du remords, où les juifs se repentent et implorent le pardon de Dieu pour leurs péchés.[8] Ce jeûne est une expiation pour l'adoration du Veau d'Or. Ainsi célèbrent-ils le pardon divin qui suit le remords pour cette faute. Le soir du 9ème jour du mois de Tichri, le premier mois du calendrier hébreu, les juifs mangent et boivent beaucoup en vue d'être prêts pour le jeûne qui commence cette même nuit et qui se termine le lendemain soir, à la vue des deux premières étoiles dans le ciel; ce qui fait au total 25 heures de jeûne. Comme leurs jeûnes sont pour la plupart des commémorations de souffrances et des symboles d'affliction, les juifs adoptent une apparence affligée. Pendant le temps de ce jeûne, manger, boire, laver ou oindre son corps, porter des chaussures en cuir et avoir des rapports intimes entre conjoints sont interdits.[9] Les juifs doivent jeûner et prier constamment tel des anges pendant le Yom Kippour, qui conclut les Dix Jours de Repentir où ils se purifient de leurs péchés.[10]

---

8 Kahraman, Ahmet, *Dinler Tarihi* (Histoire des Religions), p. 145.

9 Olgun,Tahir, *Müslümanlıkta İbadet Tarihi* (Histoire du Culte en Islam) p.125.

10 Celebi,Ahmet, *Mukayeseli Dinler Açısından Yahudilik* (Le Judaïsme Comparé aux Autres Religions), p. 326, (Trad.: A. M. Büyükçınar, Ö. F. Harman).

Selon un récit, le Prophète Moïse, alors qu'il était en Egypte, promit aux Enfants d'Israël que si Dieu anéantissait leurs ennemis, il leur apporterait un livre. Quand Pharaon fut anéanti, Moïse implora Dieu pour recevoir le livre promis. Dieu le Très-Haut lui ordonna de jeûner pendant 30 jours lors du mois de Dhul-Qidah, suivis de 10 jours du mois suivant, ce qui faisait 40 jours. Durant les 30 premiers jours, il pratiqua l'ascétisme et jeûna afin de se rapprocher de Dieu, et pendant les 10 autres jours, les Dix Commandements furent révélés et Moïse parla à Dieu.[11] Le jeûne qu'accomplit Moïse est ainsi décrit dans l'Ancien Testament: «Il fut donc là avec le Seigneur, 40 jours et 40 nuits. Il ne mangea pas de pain; il ne but pas d'eau. Et il écrivit sur les tables les paroles de l'alliance, les Dix Commandements.» (L'Exode, 34/28)

Par ailleurs, selon la Torah, après l'exile des juifs à Babylone, les Enfants d'Israël se mirent à jeûner pendant certains jours de l'année afin de commémorer des événements tragiques de leur histoire. Ils appelaient ces jours par la date à laquelle l'événement avait eu lieu, selon le calendrier hébreu. Quatre de ces jeûnes réguliers sont liés à la destruction de Jérusalem et à d'autres incidents tragiques.[12]

1. **Le Jeûne du 17 Tamouz:** il s'agit du jeûne accompli en souvenir de l'événement d'*Orchélim*, c'est-à-dire la première brèche dans les murailles de Jérusalem pendant le siège babylonien.
2. **Le Jeûne du 9 *Av*:** Av est le 5ème mois de l'année religieuse juive. C'est un jour de deuil où les juifs commémorent la destruction de leurs premier et deuxième temples, l'expulsion des juifs d'Espagne ainsi que d'autres événements tragiques.
3. **Le Jeûne du 3 *Tichri*:** ce jeûne est plus connu sous le nom de Jeûne de Guédalia. Guédalia fut laissé comme gouverneur de Judée par Nabuchodonosor et fut tué lors de l'invasion de Jérusalem. C'est parce qu'il compte parmi les 10 martyrs juifs que ce jour a été choisi jour de jeûne.

---

[11] Yazir, Elmalili Hamdi, *Hak Dini Kur'an Dili* (Vraie Religion et Parole du Coran), 6/2275.

[12] Olgun,Tahir, *Müslümanlıkta İbadet Tarihi* (Histoire du Culte en Islam) p.125, 126.

4. **Le Jeûne du 10 *Teveth*:** ce jeûne est pratiqué en souvenir du début du siège babylonien de Jérusalem.

En dehors de ces quatre jeûnes réguliers, il y a aussi d'autres jeûnes que les juifs pratiquent parfois[13]:

1. Le jeûne de l'Esther (le 13 du mois de Adar).[14]
2. Le jeûne du premier garçon né (le 14 Nissan).
3. Le jeûne de Erev Yom Kippour (la veille du Yom Kippour).
4. Le jeûne de la parole (où il faut s'abstenir de parler) (le 15 Tichri).
5. Le jeûne du jeune marié.
6. Le jeûne accompli durant l'année de la mort du père et de la mère.
7. Le jeûne qui précède la nouvelle lune.
8. Les jeûnes faits durant les grandes cérémonies religieuses.
9. Les jeûnes pratiqués par le peuple pour protester contre certains commandements venant des rabbins.
10. Le jeûne de la Pâque des juifs (le 15 Nissan).[15]

Chez les juifs, le jeûne commence dès les premières lueurs de l'aurore jusqu'au soir, quand les deux premières étoiles apparaissent dans le ciel. Toutefois, les jeûnes de l'Expiation et du 9 août ne sont pas conformes à cette règle, car ceux-ci commencent le soir et durent jusqu'au lendemain soir. Pendant les jours de jeûne, il est recommandé aux juifs de donner l'aumône, de nourrir les pauvres et surtout de distribuer le repas traditionnel du soir. Durant les 9 premiers jours d'août et certains jours entre le 17 juillet et le 10 août, un jeûne partiel est pratiqué où il est interdit de manger de la viande et de boire de l'alcool.[16]

---

13 Al-Nadwi, Dört Rükün, p. 203.

14 Torah, Esther, 9/20-32.

15 Feyizli, Tahsin, *İslam'da ve Diğer İnanç Sistemlerinde Oruç-Kurban* (Le Jeûne et le Sacrifice en Islam et dans les Autres Systèmes de Croyance), p. 25-27.

16 Al-Nadwi, Dört Rükün, p. 203; Elmalili Hamdi Yazir, *Hak Dini Kur'an Dili* (Vraie Religion et Parole du Coran),2/183-185.

COMMENT LE JEÛNE EST-IL DÉFINI DANS LE CHRISTIANISME ?

Le jeûne est encore pratiqué aujourd'hui par les catholiques, les chrétiens orthodoxes, et plusieurs sectes protestantes, en particulier les épiscopaliens et les luthériens. Les autres confessions chrétiennes ne pratiquent pas le jeûne car elles considèrent cela comme une expérience spirituelle personnelle, et non pas comme un rite prescrit pour l'adoration publique.

Les recommandations du Prophète Jésus concernant le jeûne sont ainsi stipulées dans la Bible: «Quand vous jeûnez, ne prenez pas un air sombre, comme font les hypocrites: ils prennent une mine défaite pour bien montrer aux hommes qu'ils jeûnent. En vérité, je vous le déclare: ils ont reçu leur récompense. Pour toi, quand tu jeûnes, parfume-toi la tête et lave-toi le visage, pour ne pas montrer aux hommes que tu jeûnes, mais seulement à ton Père qui est là dans le secret; et ton Père, qui voit dans le secret, te le rendra.» (Évangile selon Matthieu, 6/16-18)

Avant qu'il ne devînt un Prophète, Jésus aurait jeûné 40 jours, tandis qu'il était seul dans le désert à l'est de Jérusalem. En plus de cela, il aurait pratiqué aussi le jeûne de l'Expiation qui est obligatoire dans le judaïsme. Le Prophète Jésus n'a pas apporté de règle supplémentaire concernant le jeûne.

Vers la fin du Ier siècle de l'ère chrétienne, une tendance à imposer de nouvelles règles apparut. Ce sujet avait jusque là été laissé à la conscience et à la foi du jeûneur. Mais à cette époque, plusieurs prêtres et églises proposèrent une certaine forme de jeûne afin de brider les désirs sexuels et matériels.

Après la Réforme, l'Église anglicane a désigné et défini les jours de jeûne, mais n'a pas imposé de règles à suivre pour le jeûneur. Elle a laissé ce sujet à la conscience et au sens de responsabilité du jeûneur.[17]

---

[17] Al-Nadwi, Dört Rükün, p. 203-205; Elmalili Hamdi Yazir, *Hak Dini Kur'an Dili* (Vraie Religion et Parole du Coran), 2/183-185.

De nos jours, le jeûne est pratiqué en certains jours sacrés chez les chrétiens orthodoxes romains et orientaux, ainsi que dans d'autres sectes chrétiennes.

Pour les catholiques, le Mercredi des Cendres et le Vendredi Saint sont toujours des jours de jeûne et d'abstinence, comme le spécifie le Code de la Loi Canonique pour les règles de jeûne adoptées par le Concile (1250-1253). Pendant ces deux jours sacrés, les catholiques doivent jeûner en réduisant la quantité de leurs repas et en évitant de manger de la viande.

Pour les chrétiens orthodoxes, le jeûne représente l'abstention de produits d'origine animale, d'huiles, de vins et d'alcool. En accompagnant leur jeûne de la prière et de l'aumône, ils souhaitent se rapprocher de Dieu.

Quant aux Mormons – aussi appelés les Saints des Derniers Jours, qui considèrent leur foi comme ayant ses origines dans le christianisme –, il leur est recommandé de jeûner pendant 24 heures une fois par mois. En général, c'est le premier dimanche du mois qui est désigné comme Jour de Jeûne. Ils considèrent le jeûne comme un moyen de se concentrer sur l'expérience spirituelle.

COMMENT JEÛNE-T-ON DANS LES RELIGIONS NON-ABRAHAMIQUES ?

Le jeûne est non seulement mentionné dans le Coran, l'Évangile et la Torah, mais aussi dans le Mahabharata et les Upanishads, et était aussi observé par les Grecs et les Égyptiens de l'antiquité.

Dans l'hindouisme, le jeûne, dont le but est de purifier son âme, est pratiqué à l'occasion des fêtes religieuses et pendant d'autres jours fixes de l'année. Pour chaque groupe d'adeptes de l'hindouisme, il existe des journées spécifiques qu'ils passent en prières et en adoration. En ces jours, la plupart ne mangent pas et passent toute la nuit à lire leurs livres sacrés et à méditer sur Dieu. Ils ont aussi des jours particuliers où seules les femmes jeûnent.

Aujourd'hui encore, les brahmanes jeûnent pendant le 11ème et le 12ème jour de chaque mois de leur propre calendrier. Ainsi, ils jeûnent au total 24 jours par an.

Les moines bouddhistes jeûnent tous les jours après le repas de midi, mais beaucoup de confréries aujourd'hui n'appliquent pas ce jeûne.

La religion du jaïnisme en Inde comporte des règles et des conditions plus strictes concernant le jeûne, et ses adeptes le pratiquent pendant 40 jours consécutifs, afin de purifier leur âme et de se détacher du bas monde.

Chez les Egyptiens de l'antiquité, le jeûne prenait place à côté des fêtes religieuses.

Et chez les Grecs de l'antiquité, le 2ème jour des Thesmophories, fête nationale, était dédié au jeûne des femmes.

Le livre sacré des adorateurs du feu n'est pas non plus dénué d'ordres et d'incitations au jeûne, quand bien même ils ne s'adresseraient qu'à un groupe en particulier.[18]

LE JEÛNE EXISTAIT-IL CHEZ LES ARABES DE L'ÉPOQUE PRÉ-ISLAMIQUE (*DJAHILIYYA*) ?

Les Arabes d'avant l'islam jeûnaient le jour d'Achoura, qui est le 10ème jour du mois de Mouharram. D'ailleurs, le noble Messager Mohammed avait jeûné pendant le jour d'Achoura et avait même ordonné la pratique de ce jeûne. Achoura est le jour où Dieu sauva Moïse et ses fidèles de Pharaon, qu'Il noya dans la Mer Rouge avec son armée.

Selon Ibn Abbas, le Prophète vit les juifs jeûner le jour d'Achoura quand il vint à Médine et demanda: «Qu'est-ce que cela?» À quoi ils répondirent: «C'est un jour bénéfique, c'est le jour où Dieu sauva les Enfants d'Israël de leurs ennemis. Moïse avait aussi jeûné en ce jour.» Le Prophète déclara alors: «Je suis plus proche et plus digne que vous de Moïse» et il jeûna ce jour et ordonna aux croyants d'en faire de même.[19]

Selon une autre version rapportée par Aïcha: «Durant la *Djahiliyya*, les Qoraïchites jeûnaient le jour d'Achoura. Le Prophète aus-

---

[18] Al-Nadwi, Dört Rükün, p. 200, 20.

[19] Bukhari, Sawm 69; Muslim, Siyam 111, 112; Abu Dawud, Sawm 63.

si pratiquait ce jeûne. Et après avoir ordonné l'hégire, il accomplit ce jeûne et l'enjoignit à ses Compagnons. Plus tard, quand l'obligation du jeûne du Ramadan fut révélée, il abandonna le jeûne du jour d'Achoura et dit: 'Que celui qui souhaite jeûner le jour d'Achoura jeûne, et que celui qui ne veut pas jeûner ne jeûne pas'.»[20]

QUELLE EST L'IMPORTANCE DU JEÛNE EN ISLAM ?

Le jeûne est, comme la prière prescrite, la zakât et le pèlerinage (*hajj*), l'un des cinq piliers de l'islam et l'un des plus importants actes d'adoration que le Tout-Puissant a enjoint. C'est à travers le jeûne que le croyant peut se rapprocher de Dieu en abandonnant les choses tant aimées des gens, y compris la nourriture, la boisson et les rapports sexuels, qui sont autrement licites lors des journées ordinaires. Le jeûne révèle la sincérité de sa foi et sa dévotion à Dieu et ainsi, Dieu sera content du croyant à mesure qu'il abandonne les plaisirs terrestres par amour pour Lui et Il l'en récompensera Lui-même.

En effet, le jeûne est cet acte que Dieu a promis de récompenser Lui-même, acte si grand qu'aucun registre de comptes ne saurait comptabiliser tous ses mérites, acte qui est le signe de la relation intime du croyant avec son Seigneur. Le jeûne est l'expression de l'abandon passager de notre humanité, de l'abstention de toute nourriture et boisson, de la domination des désirs charnels, du détachement de tout ce qui nous rattache au monde, et est ainsi le moyen d'avancer vers Dieu.

QUE DISAIT LE PROPHÈTE À PROPOS DE L'IMPORTANCE DU JEÛNE ?

Héraut parfait de la révélation finale de Dieu pour tous les peuples, le Prophète Mohammed appela chacun à jeûner pendant le mois de Ramadan et montra le meilleur exemple qui fût dans sa propre pratique du jeûne.

Selon ce qu'a rapporté Abou Houraïra, le Messager de Dieu parla ainsi:

---

[20] Bukhari, Sawm 69.

«Dieu a dit: 'Tous les actes du fils d'Adam sont pour lui-même; excepté le jeûne. C'est Moi qui en donnerai la récompense. Une bonne action multipliée par dix équivalentes. Car c'est uniquement pour Moi qu'il abandonne son alimentation et ses désirs charnels.' Le jeûne est un bouclier, une protection contre le péché et le feu. Si l'un de vous jeûne, qu'il s'abstienne de nourriture, de boisson, de rapports sexuels et de disputes; et si quelqu'un l'insulte ou le moleste, qu'il dise: 'Je jeûne'. Par Dieu, qui tient mon âme dans Ses Mains, l'haleine du jeûneur est pour Dieu plus agréable que l'odeur du musc. Il y a deux instants de joie pour le jeûneur: l'un est celui où il rompt son jeûne, l'autre celui où il retrouve son Seigneur.»[21]

Le jeûneur doit accomplir cet acte de dévotion sacré à la lumière des enseignements du Prophète. Le jeûne est une école de formation pour l'âme, de purification pour le cœur, et de protection contre le péché. Que l'on jeûne un jour ou un mois, on s'abstient de certaines des commodités de la vie d'ici-bas, sur l¯rdre de Dieu, qui en donnera la récompense. Dieu a choisi le jeûne pour Lui-même, et Il rétribuera le jeûneur et multipliera sa récompense abondamment. Le jeûne a une qualité particulière qui ne se trouve nulle part ailleurs: c'est la relation intime avec Dieu, tant et si bien que Dieu a dit: «Le jeûne est pour Moi, et c'est Moi qui en donnerai la récompense.» C'est donc en ressentant tout cela que le jeûne doit être accompli.

La mauvaise haleine du jeûneur provient de la faim. Le Jour du Jugement, selon les paroles véridiques du Prophète lui-même, l'haleine du jeûneur sera plus agréable, plus pure et plus douce que le musc et que l'ambre. Il existe des odeurs dont se rjouissent les anges, qui sont des âmes pures, pendant qu'ils remplissent leur devoir de servitude à Dieu. Ils prennent plaisir à sentir les plus doux parfums, comme ceux des roses et de toutes les fleurs, du musc et de l'ambre. Dans les royaumes que nos yeux terrestres ne sauraient percevoir, les parfums ont valeur de clefs ouvrant les mystérieux trésors

---

21 Bukhari, Sawm 2; Muslim, Siyam 152; Tirmidhi, Sawm 54; Nasai, Siyam 41; Ibn Maja, Siyam 1.

des mondes éternels. L'haleine du jeûneur fait partie de ces odeurs agréables, car le jeûne est un acte d'adoration à dimension relationnelle entre Dieu et Son serviteur. Ainsi, le jeûne a des aspects très profonds, en plus de ses bienfaits et mérites évidents.

Dans un autre hadith aussi rapporté par Abou Houraïra, le noble Messager a dit: «Il y a une zakât pour toute chose. La zakât du corps est le jeûne. Le jeûne correspond à la moitié de la patience.»[22] et: «La propreté est la moitié de la foi, et le jeûne la moitié de la patience.»[23]

Le fait d'être patient en portant le poids des obligations religieuses dont Dieu nous a chargés, en étant toujours déterminés à obéir à Ses commandements, en ne s'éloignant pas de Sa porte, en faisant tous les efforts possibles pour se protéger contre le péché, et ainsi de suite, forment la moitié de la foi. Quant à l'autre moitié, elle est composée d'autres éléments de la religion. Le jeûne est, entre autres, la répression des désirs charnels et la patience contre le péché, mais il est aussi la patience face à un acte d'adoration qui peut sembler pénible à travers l'abstention de nourriture et de boisson (surtout pendant les longues journées d'été). De cette manière, le jeûne représente un quart de la religion. Il est donc l'un des quatre actes d'adoration – la prière prescrite, le jeûne, la zakât et le pèlerinage – qui font partie des grands piliers de l'Islam; le cinquième étant la profession de foi certifiée avec le cœur et la langue, en attestant que Dieu est la seule Divinité et que Mohammed est Son Messager.

Toute œuvre faite pour Dieu vaut forcément une récompense; il ne saurait en être autrement. Mais pour ce qui est du jeûne, c'est une œuvre incomparable aux autres en raison de la récompense qu'elle entraîne. Abou Oumama rapporte: «J'ai demandé au Messager de Dieu de m'indiquer une œuvre que je devrais faire. Il m'a dit alors: 'Jeûne, car cela n'a pas d'égal.' J'ai reposé la même question et il a répondu la même chose: 'Jeûne, car cela n'a pas d'égal.' J'ai encore une fois posé la même question et la réponse a encore été: 'Jeûne,

---

22 Tirmidhi, Daavat 86; Ibn Maja, Siyam 44.

23 Tirmidhi, Daavat 85; Ibn Maja, Siyam 44; Darimi, Wudu 2; Ahmad ibn Hanbal, Musnad 4/260.

car cela n'a pas d'égal.'»[24] Le fait que le croyant s'abstienne de toute alimentation liquide ou solide en public et en secret révèle la sincérité de sa foi, son grand amour de Dieu et sa connaissance et sa conscience que Dieu est l'Omniscient. C'est pour cela que Dieu assigne au jeûne une récompense plus grande que celle de tous les autres actes d'adoration.

Dans d'autres hadiths soulignant l'importance de la rétribution du jeûne, le Prophète dit:

> Aux yeux de Dieu, il n'y a pas d'acte d'adoration plus méritoire que le jeûne.[25]
>
> Quiconque est empêché par le jeûne de manger et de boire ce que son moi charnel désire, le Tout-Puissant lui fera manger des fruits du Paradis et boire l'eau des ruisseaux du Paradis.[26]
>
> Il existe une porte du Paradis appelée Rayyan par laquelle seuls les jeûneurs pourront entrer.[27]
>
> Quant à celui qui jeûne et qui assure sa subsistance par des moyens licites, il ne lui sera pas demandé de comptes dans l'au-delà.[28]
>
> Le sommeil du jeûneur équivaut à un acte d'adoration, et son silence à l'évocation de Dieu. Il reçoit de multiples récompenses pour ses bonnes actions et ses actes d'adoration. Dieu exauce sa prière et pardonne ses péchés.[29]

Le Jour du Jugement, le jeûne sera personnifié. Il intercèdera auprès de Dieu en faveur du jeûneur et dira: «O Seigneur! Durant tout le jour, je l'ai privé de nourriture, de boisson et de plaisirs. C'est pour cela que je T'implore d'accepter mon intercession.» Puis le Tout-Puissant acceptera cette demande du jeûne et lui permettra d'intercéder en faveur du jeûneur.[30]

---

24 Nasai, Siyam 43.
25 Nasai, Siyam 43.
26 Al-Muttaki, Ali, Kanz al-Ummal, 3/328.
27 Ibn Maja, Siyam 1.
28 Al-Muttaki, Ali, Kanz al-Ummal, 3/328.
29 Al-Muttaki, Ali, Kanz al-Ummal, 3/327.
30 Munziri, al-Targhib wal-Tarhib, 2/84.

POURQUOI LES CROYANTS JEÛNENT-ILS ?

Le croyant jeûne, non pas en vue d'obtenir quelque avantage spirituel ou matériel, mais uniquement pour accomplir une obéissance parfaite à Dieu. Il ne se soumet au commandement de Dieu qu'en quête de Son agrément, et s'abstient de choses qui sont autrement licites dans la vie ordinaire, sur ordre de Dieu. Même si le jeûne profite à l'individu ainsi qu'à toute la société, l'homme ne doit pas jeûner en raison de ces avantages, mais seulement parce que Dieu l'a enjoint comme obligation religieuse.

A ce propos, le Compagnon Ali a dit:

- «L'adoration accomplie dans l'espoir d'obtenir un profit est l'adoration du commerçant;
- l'adoration accomplie par peur est l'adoration de l'esclave;
- l'adoration accomplie par soumission aux ordres de Dieu afin de Le remercier pour Ses bontés est l'adoration de l'homme libre.»[31]

Ainsi, comme l'a montré Ali, l'adoration la plus sublime est celle faite de plein gré, en tant qu'obligation religieuse et seulement pour rendre grâce au Seigneur et obtenir Son agrément.

---

[31] Al-Kaari, Ali, Mirkat al-Mafatih, 2/135.

Chapitre 2

Les Mérites et les Avantages du Jeûne

LES MÉRITES ET LES AVANTAGES DU JEÛNE

QU'APPORTE LE JEÛNE À L'ÊTRE HUMAIN ?

Le jeûne est l'un des piliers de l'Islam. Comme c'est le cas pour tous les autres actes d'adoration, ce n'est pas dans le but de jouir de quelque avantage que les musulmans pratiquent le jeûne. Le Coran nous apprend quel doit être ce but: *Je n'ai créé les djinns et les hommes que pour qu'ils M'adorent.* (51/56) La raison d'être de l'homme est donc l'adoration de Dieu. En effet, l'adoration est un but fondamental en soi et est l'objectif ultime de tous les actes cultuels, y compris le jeûne, la prière, le pèlerinage, la zakât et se conformer à Ses commandements pour ce qui concerne le licite et l'illicite.

Le croyant est conscient que les avantages matériels ne sont pas l'ultime but du jeûne. Le musulman se rapproche de Dieu en abandonnant les choses qu'il aime, et cela rend d'autant plus manifeste la sincérité de sa dévotion à Dieu. Il sait que Dieu sera content de lui s'il abandonne le confort terrestre par amour pour Lui. La raison de son adoration est le commandement Divin et son résultat est le plaisir Divin.

Quant aux mérites spirituels et à tous les bienfaits que peut engendrer le jeûne, ceux-ci ne sauraient constituer les seuls résultats, si satisfaisants soient-ils. Puisqu'il jeûne pour chercher l'agrément de Dieu et pour gagner le salut dans l'au-delà, les fruits et les avantages de l'adoration se trouvent dans l'au-delà.

Cependant, si l'on prend en compte que les commandements divins sont bénéfiques à l'homme et que les choses que Dieu a interdites lui sont nuisibles, on peut voir dans la méditation et la recherche de la sagesse divine qui se trouve dans les interdictions et les ordres divins, un moyen de renforcer la foi. D'ailleurs, lorsque l'on accomplit les actes d'adoration, les bienfaits que nous recevons sans même y penser ne sont autres que la suite nécessaire de la sagesse du Très Sage et la générosité du Très-Généreux, qui récompense pour les bonnes œuvres dans ce monde et dans l'autre. Tant de sagesses se cachent derrière les propositions qu'Il nous fait... C'est donc à partir de cette perspective que nous considérerons les bienfaits et avantages qu'engendrent la prière, la zakât, le pèlerinage et le jeûne pour le croyant dans la vie d'ici-bas.

QUELS SONT LES AVANTAGES DU JEÛNE POUR LE CORPS ?

L'être humain est une créature composée d'un corps et d'une âme. De même qu'un corps sans âme ne veut pas dire grand chose, ainsi une âme sans corps dans ce monde d'attraits ne fait pas sens. Tout ce que l'homme mange et boit, tous ses faits et gestes, et tous les actes d'adoration qu'il accomplit ont des répercussions à la fois sur son corps et sur son âme. Si en apparence un morceau de nourriture avalé ne semble qu'aller à l'estomac, en réalité, ce morceau laisse aussi des traces sur l'âme. La privation d'aliment nous aide à réformer et à renouveler notre caractère et notre comportement, au niveau physique et spirituel. Il devient très difficile pour le moi charnel d'être en harmonie avec le cœur et l'âme si le moi charnel agit à sa guise, mangeant et buvant de tout ce qu'il a envie et quand il en a envie.

Il est universellement reconnu qu'il y a une connexion entre le jeûne et la pénétration spirituelle. Le jeûne prive la personne de nourriture, de boisson et de sexualité pendant la journée, et le fait de se refuser ces jouissances excessives se reflète sur l'esprit, qui gagne ainsi plus de force pour agir dans la recherche de l'agrément de Dieu. Le jeûne procure au corps une période de repos physique et psychologique, lui donnant l'opportunité de se nettoyer, de guérir et de se rajeunir. Cette désintoxication physique devient un moyen de désintoxication spirituelle. Grâce au jeûne, il est plus facile pour le croyant de discipliner son corps dans le but d'élever l'âme et ainsi de se rapprocher de Dieu.

L'ascétisme (l'éducation du moi charnel en ne se nourrissant pas pendant une période donnée afin de gagner l'agrément divin), ainsi que la prière de nuit, occupent une place très importante dans le développement et l'épanouissement spirituels de l'individu. Cela existe en Islam, mais aussi dans le judaïsme, le christianisme, l'hindouisme, le brahmanisme et les religions de l'Égypte et de la Grèce antiques.

Le jeûne, c'est l'ascétisme de l'âme et la diète du corps, c'est la vertu et la santé. Celui qui a fréquemment recours au jeûne verra clairement en son for intérieur et en sa conscience les vertus et les qualités que ce jeûne aura produit chez lui. Il n'est pas concevable de pouvoir trouver une âme et un cœur purs chez une personne qui se perd dans son estomac, qui s'adonne complètement au corps, et qui est partout et tout le temps préoccupé par son ventre. Ce que fait une telle personne n'est autre que manger, boire, puis évacuer tout cela, prendre toutes variétés de bontés comme si elles lui étaient dues et finir en ingrat. Le jeûne est donc aussi là pour prévenir les individus contre de tels agissements, et pour leur offrir une vie harmonieuse et saine.

A - Le Jeûne Repose Le Corps

Le fait que notre système digestif, qui commence à fonctionner dès notre naissance, ait besoin de se reposer de temps en temps est une vérité bien établie par les cercles médicaux. Le jeûne, qui implique le repos du corps pendant un mois de l'année, apporte un bienfait incontestable au corps humain. Quand les organes liés à la digestion sont au repos, les autres organes peuvent également se détendre. Grâce au jeûne, le corps entier peut jouir d'un repos bien mérité, et d'une opportunité pour se renouveler et se revigorer. Par ailleurs, les sentiments et sensations du jeûneur peuvent aller outre les limites de l'estomac. Ils se mettent à fonctionner en harmonie avec la volonté de Dieu parce qu'ils sont devenus purs et raffinés. Telles des machines qui viennent d'être entretenues et remises à neuf, ces émotions commencent à servir le véritable objectif de leur création.

> Beaucoup d'ouvriers travaillent pour cette usine qu'est l'estomac, ainsi que de nombreux sentiments humains qui lui sont attachés. Si l'estomac ne prend pas congé du matin au soir pendant un mois, il fera oublier aux ouvriers et aux sentiments leurs actes d'adoration spécifiques, il les préoccupera avec lui-même, les mettra sous son joug, attirera constamment leur attention sur lui, et leur fera oublier leurs nobles fonctions. Mais grâce au Ramadan, les ouvriers de cette usine comprennent qu'ils n'ont pas été créés uniquement pour cette usine. Et les autres appareils, au lieu des vils plaisirs de cette usine, jouissent de plaisirs angéliques pendant le noble Ramadan, et concentrent leur attention sur ces plaisirs spirituels. C'est pourquoi pendant le mois sacré, les croyants, selon leur degré de foi, jouissent de toutes sortes de lumières, de progrès et de délices spirituels; les éléments raffinés rattachés au cœur tels que l'âme, l'esprit et l'innéité (*sirr*)[32] s'élèvent très haut, et répondent par un rire innocent aux pleurs de l'estomac.[33]

Pour toute machine qui est en activité, il vient un moment où elle doit s'arrêter pour un temps et être entretenue. Si cela n'est pas fait, soit la machine deviendra tout à fait hors d'usage, soit sa durée de vie se raccourcira. L'élève qui a étudié pendant un certain temps a droit à une récréation. L'ouvrier qui travaille du matin jusqu'au soir rentre chez lui pour se reposer. Sans ces pauses et ces repos, il n'est pas possible de continuer à travailler avec le même rythme et la même performance. Le corps de l'homme ressemble à une usine, et ses organes aux outils et aux machines de cette usine. Quant au jeûne, il est le moyen de mettre au repos cette usine, de ne pas l'user, et de lui permettre de fonctionner parfaitement.

Aussi grâce au jeûne, les graisses nuisibles qui s'accumulent dans notre corps et qui augmentent notre poids s'éliminent pour laisser un corps plus sain. De nos jours, beaucoup de gens cherchent partout et à tout prix des solutions à leurs problèmes de poids. L'obésité, bien qu'étant une maladie en soi, provoque aussi des maladies encore plus dangereuses comme l'hypertension artérielle, les

---

32 Elément raffiné du cœur où réside le témoignage et la reconnaissance de Dieu.

33 Bediuzzaman Said Nursi, Risale-i Nur Külliyatı I, Ed. Nesil, 29ème lettre, p. 541.

maladies cardio-vasculaires et rénales et des troubles de la circulation sanguine. Or le jeûne est un remède à la fois pour les problèmes de santé physique et spirituelle.

B – Le Jeûne Protège Des Maladies

Les multiples avantages que le jeûne apporte à l'âme et au corps ont été le sujet de beaucoup de discussions et ont occasionné l'écriture de nombreux articles et livres. S'il existe beaucoup de publications montrant que le jeûne n'est en rien nuisible, il en existe davantage démontrant qu'il est même bénéfique.

Dans son ouvrage qui traite du renforcement de la volonté, le professeur allemand Gerhard constate que pour que l'homme ne soit plus l'esclave de ses penchants matériels et qu'il puisse mener une vie où il serait maître des brides de son moi charnel, la voie la plus efficace qui garantisse à l'âme la domination du corps est le jeûne.[34]

Quant au Dr Rowy, il dit à ce sujet: «Le jeûne renforce le système immunitaire du corps. En ordonnant le jeûne, l'islam a déjà établi cette importante vérité médicale. Quant à la médecine moderne, elle emploie le jeûne comme un remède et un moyen de protection contre les maladies.» Comme pour confirmer les paroles du Dr Rowy, dans les maisons de santé des docteurs Berscherbenr et Moliere, ainsi qu'à l'hôpital du Dr Henri Lahman à Dresde, dans la Saxe, le jeûne est utilisé pour soigner les malades.[35]

Muhammad ibn al-Yaman explique ainsi l'importance qu'il accorde au jeûne: «J'ai demandé six choses à six personnes, mais elles ont toutes donné la même réponse à mes six questions. J'ai demandé aux médecins quel était le médicament le plus curatif et ils m'ont répondu: 'Le médicament le plus curatif est la faim et un maigre repas.' J'ai demandé aux philosophes quel était le meilleur moyen de rechercher la sagesse et la vérité, ils m'ont répondu: 'La faim et un maigre repas.' J'ai demandé aux dévots ce qui était le moyen le plus effi-

---

[34] Tabbara, Abdülfettah, *İlmin Işığında İslâmiyet* (L'Islam à la Lumièredes Sciences), p. 274.

[35] Abdürrezzak, Nevfel, İslâm ve Modern İlim, p. 209.

cace concernant l'adoration de Dieu, et ils m'ont répondu: 'La faim et un maigre repas.' J'ai demandé aux savants ce qui était le plus utile pour garder en mémoire le savoir, et ils m'ont répondu: 'La faim et un maigre repas.' J'ai demandé aux souverains quels étaient les meilleurs repas, ils m'ont répondu: 'La faim et un maigre repas.' J'ai demandé aux saints ce qui faisait parvenir à l'Être aimé, ils m'ont répondu: 'La faim et un maigre repas.'»

Ajoutons à cela cette juste parole d'Abou Talib-i Makkî: «Le croyant est tel une flûte, il n'émet de beaux sons que s'il est vide à l'intérieur.»

EXISTE-T-IL DES RECHERCHES SCIENTIFIQUES CONCERNANT LE JEÛNE ?

Une telle recherche a été publiée au Pakistan dans la revue *al-Muslimûn* sous le titre «L'impact du jeûne sur la santé humaine». Voici un résumé de cette recherche:

Introduction

Tous les musulmans de la planète jeûnent tous les ans pendant le Ramadan, c'est-à-dire le 9ème mois de l'année lunaire. Durant tout le mois de jeûne, il est interdit aux musulmans de manger et de boire depuis les premières lueurs de l'aurore – en d'autres termes, environ une heure et demie avant le lever du soleil – jusqu'au coucher du soleil. Ce n'est que de la rupture du jeûne le soir (*iftar*) jusqu'au commencement du jeûne avant l'aurore (*imsak*) qu'ils peuvent manger et boire comme ils le veulent.

La pratique du jeûne est obligatoire pour les hommes de plus de quinze ans ou qui ont atteint la puberté et qui sont en bonne santé, ainsi que les femmes de plus de douze ans ou qui ont atteint la puberté et qui sont en bonne santé. Par contre, comme le montre le verset suivant, les malades et les voyageurs ne sont pas tenus de jeûner: *Quiconque d'entre vous est malade ou en voyage, devra jeûner un nombre égal d'autres jours.* (2/184)

Parce que le mois de Ramadan est lié à la rotation lunaire, il change de date à chaque année solaire. Les mois lunaires commencent 11 jours avant par rapport à l'année solaire précédente. Ainsi, chaque année, le Ramadan commence 11 jours avant la date du Ramadan de l'année précédente.

La durée de jeûne quotidienne varie de 12 heures à 19 heures selon la région du monde où l'on est et la saison à laquelle le Ramadan coïncide. En fonction de cela, le jeûneur, prendra un ou deux repas durant la nuit jusqu'à l'aurore.

La question de la proportion de l'influence du jeûne sur l'organisme humain a été le sujet de nombreux débats scientifiques depuis longtemps. Si certains chercheurs ont argumenté à l'encontre du jeûne, avançant qu'il serait néfaste à la santé humaine, d'autres scientifiques ont montré que tant qu'il ne s'agissait que d'un changement d'heures des repas, le jeûne ne comporte aucun danger pour l'organisme humain car il ne modifie pas le besoin total en calories du corps en 24 heures.

Recherche

Des recherches médicales ont été menées sur 13 volontaires. Parmi eux figuraient aussi 2 femmes enceintes de six mois. L'objectif était de montrer l'effet du jeûne sur le corps humain. La même expérience a été pratiquée sur une volontaire de 27 ans qui ne jeûnait pas, pendant la même durée et dans les mêmes conditions, afin de pouvoir comparer les résultats. Lors de ces expériences, nous avons analysé l'effet du jeûne sur le poids, la température du corps, le pouls, la tension, le travail d'assimilation des cellules et le niveau de liquide de l'organisme. Des analyses de sang et d'urine ont aussi été faites.

Méthode de l'expérimentation

Trois des volontaires étaient des femmes. Elles avaient 17, 27 et 40 ans. Quant à l'âge des hommes, il allait de 22 à 29 ans. La moyenne d'âge était donc de 33 ans. Les volontaires, qui ont tous été choisis dans la classe moyenne, prenaient entre 2500 et 3000 calories par jour. Par ailleurs, tous les sujets étaient des personnes en bonne santé, sans aucune maladie microbienne ou organique.

Afin de pouvoir comparer les signes organiques des volontaires avant et pendant le jeûne, nous avons mené sur eux les expériences et pratiqué les analyses nécessaires tout le long de la semaine précédant le Ramadan. Les échantillons à analyser ont été prélevés le matin à jeun pendant la semaine précédant le Ramadan, et après avoir bu une gorgée d'eau lors de la rupture du jeûne le soir pendant le Ramadan. Ces expériences ont été répétées les premier, dixième et dernier jours du Ramadan, ainsi qu'un mois plus tard.

Les méthodes les plus précises et les plus modernes ont été employées pour ces expériences. Voici maintenant les résultats de ces recherches:

Résultats

1. *Le poids du corps:* l'effet du jeûne sur le poids est comme le montre le tableau ci-dessous. L'unité de mesure de poids utilisée est le Ritl (c'est-à-dire environ 410 g).

	Avant le Ramadan	Pendant le Ramadan			Un mois après le Ramadan
		1er jour	10ème jour	dernier jour	
Volontaire non-jeûneur	142	140	140	142	142
Volontaires jeûneurs (moyenne)	122	122	121	119	121
Femme enceinte	106	106	108	110	117

Les résultats que nous pouvons déduire du tableau sont les suivants: on ne voit pas de clair changement de poids chez le sujet non-jeûneur. Excepté deux personnes, les sujets jeûneurs ont subi une faible perte de poids, pouvant aller jusqu'à 7 Ritl (2870 g). L'un de ces sujets n'a subi aucun changement et a préservé son poids d'avant le Ramadan. Quant à la femme enceinte, son poids a augmenté de 4 Ritl (1640 g) pendant le Ramadan. Notons aussi qu'un mois après le Ramadan, la moitié des sujets ont repris les kilos qu'ils avaient perdus pendant le jeûne.

2. *Le système circulatoire:* aucun effet notoire n'a été observé sur le pouls et la température du corps. La quantité d'hémoglobine dans le sang est restée normale. On en conclut qu'un mois de jeûne n'est pas une durée assez longue pour pouvoir provoquer une dégradation dans l'hémoglobine. En général, la tension des sujets jeûneurs n'a pas non plus changé. Seuls certains sujets ont subi une faible baisse de tension lors des premiers jours du Ramadan.

3. *L'assimilation cellulaire:* pendant le Ramadan, aucun changement notable n'a été constaté, sauf pour la femme enceinte, dont le taux d'assimilation cellulaire est monté à +15,1 au-dessus de la normale durant la première partie du Ramadan, et à +26,15 un mois après. Ces données révèlent que ce changement est parfaitement supportable par une femme enceinte.

4. *Le taux de glucose dans le sang:* le tableau ci-dessous montre les changements survenus dans ce domaine tout au long de l'expérience. L'unité de mesure employée est en mg/200mm³.

	Avant le Ramadan	Pendant le Ramadan			Un mois après le Ramadan
		1er jour	10ème jour	dernier jour	
Volontaire non-jeûneur	92	87	90	88	93
Volontaires jeûneurs (moyenne)	88	80	80	84	86
Femme enceinte	88	84	72	68	81

Le taux de glucose dans le sang des sujets jeûneurs a visiblement baissé. Cette baisse est allée jusqu'à 68 mg, ce qui équivaut au taux normal minimum. Aucun sujet n'a eu un taux de glucose supérieur à 104 mg.

5. *L'assimilation du glucose dans le sang:* dans les tests effectués sur 4 sujets jeûneurs, 3 hommes et 1 femme, avant le Ramadan et le dernier jour de ce mois, on a mesuré les changements entraînés par le jeûne sur la vitesse d'assimilation du glucose dans le sang. Aucune différence notable n'est apparue dans le taux de glucose des jeûneurs et des non-jeûneurs. La composition du sang est restée normale durant tout le jeûne, et le foie a fonctionné normalement.

6. *Le taux de liquide dans le corps:* il a été observé que la majorité des sujets ont reçu un taux suffisant de liquide dans leur organisme. Qui plus est, certains ont même légèrement dépassé le taux normal en absorbant 2,4 litres de liquide en l'espace de 24 heures. Le taux d'évacuation d'urine en 24 heures a aussi été normal. Bien que nous ayons observé une baisse du taux d'évacuation d'urine de temps à autre, une baisse similaire a été mesurée chez les non-jeûneurs. Il apparaît donc que ces baisses ne sont pas liées au jeûne, mais plutôt au changement climatique et à la transpiration conséquente. Il n'y a pas de changement notable dans le fonctionnement des reins, car les analyses d'urine de tous les sujets étaient normales.

Conclusion générale: ces expériences médicales montrent clairement que le jeûne n'a pas d'effet néfaste sur la santé humaine. Si l'on note parfois de faibles baisses de glucose dans le sang, celles-ci ne dépassent pas le niveau normal physiologique.

Rappelons également que ces expériences ont été menées sur des sujets sains. C'est pourquoi ces résultats ne sont pas forcément valables pour les malades et les handicapés. Il serait donc très utile qu'une étude soit menée sur les effets du jeûne sur les diabétiques et autres personnes gravement malades.

Dans la recherche présentée ci-dessus, une certaine fatigue a été observée chez les sujets jeûneurs, surtout en fin de journée. Cela semble être dû à une baisse du taux de sucre dans le sang, mais peu après la rupture du jeûne, le corps reprend son ancienne vitalité.

Commentaires

Cette étude menée par deux chercheurs à l'École de Médecine de Dakar a établi que le jeûne ne nuit pas à la santé humaine. Par ailleurs, un médecin musulman qui a examiné cette étude ajoute qu'il y a beaucoup d'autres études scientifiques confirmant les avantages du jeûne pour la santé. Citons-en quelques-uns:

a Le repos du système digestif pendant les heures de jeûne. Le système digestif est un mécanisme organique qui travaille sans cesse depuis la première tétée du nourrisson jusqu'à la mort. C'est pour cela que le fait d'éloigner l'organisme de toute nourriture pendant quelques heures est une méthode de traitement naturelle. D'ailleurs, cette méthode est systématiquement utilisée pour préparer les malades qui doivent subir une opération chirurgicale importante, car il est nécessaire que l'estomac du patient qui va être anesthésié soit complètement vide avant l'opération. Parfois même, quand il s'agit d'une opération urgente, le chirurgien peut être obligé de vider l'estomac du patient avant de l'anesthésier.

b Que manger peu soit plus bénéfique que manger beaucoup est un fait établi depuis longtemps. Dit autrement, à condition de prendre les portions alimentaires qui fourniront l'énergie nécessaire à l'organisme, le fait de prendre des repas à des moments déterminés de la journée et de s'abstenir de grignoter à d'autres moments, est plus profitable que de remplir à l'envi son estomac de tout et de n'importe quoi. Cela est l'un des plus grands avantages apportés par le jeûne pour la santé du corps. En effet, lors de la rupture du jeûne, le croyant se contente d'un léger repas. Telle est la Sounna de notre Prophète. Aussi Dieu le Très-Haut a-t-Il dit: *Prenez ce que le Messager vous donne; et ce qu'il vous interdit, abstenez-vous-en.* (59/7)

c Le fait de manger beaucoup est incontestablement mauvais pour la santé. Il existe d'ailleurs un lien direct entre l'excès de nourriture et plusieurs maladies comme les rhumatismes, les maladies cardio-vasculaires, le diabète et les troubles de la tension artérielle. Ainsi, le repos annuel des organismes malades, pendant la durée d'un douzième de leur vie n'est pas une voie de traitement à négliger. Du reste, les recherches scientifiques montrent que dans les endroits où le jeûne est une obligation religieuse, ce genre de maladies est moins répandu que dans le reste du monde.[36]

QUELS SONT LES AVANTAGES DU JEÛNE POUR L'ÂME ?

Comme nous l'avons dit plus tôt, l'être humain est un édifice constitué d'un corps et d'une âme. Les deux éléments de cette construction essaient de faire tourner l'homme autour de sa propre orbite. La matière, qui est l'un de ces deux éléments, représente les désirs sensuels et bestiaux. Il s'agit de l'aspect charnel de l'homme, tel que le Coran nous l'apprend: *Nous créâmes l'homme d'une argile crissante, extraite d'une boue malléable* (15/26); *Demande-leur s'ils sont plus difficiles à créer que ceux que Nous avons créés? Car Nous les avons créés de boue collante!* (37/11); *Il a créé l'homme d'argile sonnante comme la poterie.* (55/14)

L'autre aspect de l'être humain est lié à son âme: il lui rappelle le but de sa création, le pousse à agir à l'image de la miséricorde divine, l'aide à contempler les royaumes spirituels, lui fait goûter d'ineffables délices malgré la faim et la soif, et lui fait percevoir les mauvaises choses comme mauvaises et lui fait ressentir de la répulsion pour elles.

Dès que la domination de l'âme sur le corps faiblit ou que le corps prend le dessus, l'homme s'élance à bride abattue vers les plaisirs et les voluptés charnelles. Il dédaigne les limites de son intelligence ainsi que celles posées par la religion, et dépense ses forces intellectuelles à obtenir mille et une variétés de mets et de boissons. Tous ses efforts se concentrent sur la recherche de toutes les choses qui stimulent ses désirs charnels, aiguisent sa faim, facilitent sa digestion et ouvrent son appétit. «Ainsi, bien qu'il soit parvenu au sommet de la culture et de la civilisation, il n'est guère différent de la bête de somme ou du bœuf de charrue. Il ne fait qu'aller et venir de la salle à manger aux cabinets, et n'a conscience ni de principes ni d'une seconde vie. Tout en lui qui n'est pas désir d'assouvir

---

[36] Havva, Said, İslam, 170-176.

sa faim et sa soif, ses plaisirs et divertissements, son souci de gagner sa vie pour pouvoir manger, disparaît peu à peu.»[37] Puisqu'il n'est pas de description aussi juste que celle du Coran, laissons-lui la parole: *Et ceux qui mécroient jouissent et mangent comme mangent les bestiaux; et le Feu sera leur lieu de séjour.* (47/12)

A – Le Jeûne Rappelle Le Retour Vers Le Tout-Puissant

Parce qu'il rappelle Dieu et Ses bontés au jeûneur, à chaque heure, chaque minute et chaque seconde de son jeûne, et qu'il rappelle donc aussi la plus grande grâce qu'est celle de la rencontre du Seigneur, le jeûne a une valeur inestimable. Le jeûne accomplit cette fonction de deux manières que nous pouvons résumer comme suit: le désir pour les bontés éternelles (qui ne sont pas éphémères comme les plaisirs, et le plaisir obtenu par la fin des douleurs. Même si en apparence celui qui reste affamé et assoiffé du matin au soir semble souffrir, les avantages que cet acte d'adoration lui apportera dans l'au-delà lui font oublier ces peines. Le jeûneur pense à la rencontre du Seigneur pour lequel il a abandonné toute nourriture, boisson et désirs charnels. Le Messager de Dieu a dit: «Il y a deux instants de joie pour le jeûneur. Le premier est la rupture du jeûne, et l'autre est sa rencontre avec le Seigneur.»[38]

B – Le Jeûne Aide L'être Humain À S'élever Au Rang Des Anges

L'homme a en lui deux dimensions: l'une angélique, l'autre bestiale. Quand l'homme s'écarte de ses sentiments animaux, il ressent le développement de son côté angélique et l'affaiblissement de ses bas instincts. L'homme a été créé inférieur aux anges mais supérieur à toutes les autres créatures. Cependant, Dieu lui a rendu possible de se cheminer sur cette voie qui va «des plus basses bassesses aux plus hautes hauteurs». Ainsi, l'homme peut parfois s'élever au-dessus des

---

[37] al-Nadwi, Dört Rükun, p. 194, 195.

[38] Bukhari, Tawhid 35; Muslim, Siyam 164; Tirmidhi, Siyam 55; Nasai, Siyam 41; Ibn Maja, Siyam 1; Ahmad ibn Hanbal, 1/446; Darimi, Sawm 50.

anges, tout comme il peut descendre plus bas que le niveau des diables. *Nous avons certes créé l'homme dans la forme la plus parfaite. Ensuite, Nous l'avons ramené au niveau le plus bas, sauf ceux qui croient et accomplissent les bonnes œuvres: ceux-là auront une récompense jamais interrompue.* (95/4-6)

L'une des caractéristiques qui différencient l'homme de l'ange est qu'il possède un moi charnel (*nafs*). Il n'appartient pas à la nature des anges de pouvoir manger, boire, se marier, se rebeller contre Dieu, et ainsi de suite. Ils ont été créés innocents, en créatures constamment occupées à glorifier Dieu et à Lui obéir. *Ils ne devancent pas Son Commandement et agissent selon Ses ordres. Il sait ce qui est devant eux et ce qui derrière eux. Et Ils n'intercèdent qu'en faveur de ceux qu'Il a agréés tout en étant pénétrés de la crainte de Lui.* (21/27-28) Quant à l'être humain, il ne peut survivre qu'en mangeant et en buvant. Il peut se rebeller à tout instant et commettre une erreur. Mais le croyant qui jeûne, par le fait même qu'il s'abstienne de boire et de manger du matin jusqu'au soir, qu'il contrôle ses désirs charnels et qu'il évite de médire et de faire le mal, il gagne une nature quasi-angélique et peut parfois même surpasser les anges. Le Tout-Puissant Se glorifie de tels croyants et les montre en exemples aux anges. (50)

C – Le Jeûne Révèle La Valeur Des Grâces De Dieu

Dieu le Très-Haut a doté la terre d'une infinité de grâces et de bienfaits et l'a soumise à l'être humain qu'Il a choisi comme vice-gérant sur terre. Chaque jour il reçoit un banquet descendu du Ciel, qui ne s'interrompt que par l'envoi d'un nouveau banquet. Sans cesse les arbres donnent des fruits, les cieux vident leurs robes remplies de joyaux, et la terre fait jaillir toutes sortes de grâces. *Il vous a accordé de tout ce que vous Lui avez demandé. Et si vous comptiez les bienfaits de Dieu, vous ne sauriez les dénombrer.* (14/34)

La terre et les cieux ont été soumis à la domination humaine. Souvent, tandis qu'ils nagent parmi ces grâces dont la quantité est incalculable, les hommes n'arrivent hélas pas à s'en rendre compte. «Ils sont ces poissons qui nagent dans la mer sans voir la mer.» Ainsi, l'homme qui nage parmi un océan de bontés, réalise grâce au jeûne la valeur et l'importance de ces faveurs divines, et s'efforce alors de remercier son Pourvoyeur.

D – Le Jeûne Habitue L'homme À Être Frugal

Le jeûne enseigne aussi à l'homme à acquérir une belle vertu comme la frugalité. Pendant le Ramadan, le jeûne est tel un maître qui nous apprend à être frugal. Celui qui s'habitue à faire tout ce qu'il veut dès qu'il en a envie, à acheter sans réfléchir, sans s'imposer de limites, sera forcé de ne plus agir ainsi dès lors qu'il jeûnera. Si par exemple, il a l'habitude de manger à chaque fois qu'il ressent une telle envie et se plie aux désirs de son corps, quand il jeûnera, il se verra obligé d'attendre jusqu'au soir, et avec cette attente il apprendra à être frugal, et à vivre de façon responsable. Le plaisir que le croyant obtient au moment de la rupture du jeûne s'avère plus grand que le plaisir que le gaspilleur retire d'une alimentation excessive, avec la lassitude et le manque d'appétit qui en résultent. À travers le jeûne, l'être humain apprend à économiser, et sa frugalité le conduit au contentement.

E – Le Jeûne Aide À Atteindre La Maturité De L'âme

Contrairement aux anges et aux animaux, l'être humain est une créature composée du duo corps-âme. Le corps, tout comme l'âme, a des besoins et des désirs. Le corps de l'homme est relativement petit, mais son âme est infinie. Ses innombrables désirs, sentiments, rêves, pensées et idées sont comme un sommaire de l'univers.

Donc, seule l'adoration – cette voie royale vers le Souverain – peut améliorer et élever l'âme et les facultés d'un tel être, accomplir ses désirs, élargir et ordonner ses idées, maîtriser ses pouvoirs relatifs à la concupiscence et à la colère, lui permettre d'atteindre la perfection à laquelle il a été prédestiné et le rattacher à son Seigneur.

Le jeûne, qui est un acte d'adoration, comprend toutes ces caractéristiques. Le Prophète a dit: «Il y a une zakât pour toute chose. La zakât du corps est le jeûne. Et le jeûne est la moitié de la patience.»[39] La prière prescrite est le principal pilier de la religion, le jeûne le principal pilier de l'âme et la zakât le principal pilier de la communauté. En effet, la religion sans la prière, l'âme sans le jeûne et la communauté sans le don de la zakât ne sauraient se maintenir. Comme les aliments nourrissent le corps, ainsi le jeûne nourrit l'âme. Il est aussi difficile de continuer à vivre sans manger que de faire durer sa vie spirituelle sans jeûner.

C'est pour cette raison que dans toutes les religions, – les différences de formes mises à part – le jeûne a été un élément essentiel, dont le but principal a été de purifier l'âme. D'ailleurs, tous les Prophètes, qui sont des guides pour le perfectionnement et la purification de l'âme, ont tous jeûné pendant la période de préparation à leurs missions difficiles. C'est pendant qu'il jeûnait et qu'il priait seul dans la cave Hira au sommet d'une montagne pendant le mois de Ramadan que Mohammed fut appelé à la Prophétie à l'âge de 40 ans. la Bible mentionne que le Prophète Jésus jeûna 40 jours dans le désert avant de commencer son apostolat. De même, le Prophète Moïse reçut les Dix Commandements après avoir jeûné 40 jours. Cela n'est qu'une preuve de plus de l'effet du jeûne sur la purification et la maturation spirituelle de l'âme humaine.

En effet, chez l'homme, l'âme se développe aux dépens du corps, et le corps aux dépens de l'âme. Ceux qui souhaitent mûrir spirituellement se doivent de jeûner. Dit autrement: ceux qui ne jeûnent pas resteront sous la domination de leur corps et ne pourront pas suffisamment développer leur aspect spirituel...

F – Le Jeûne Bride Les Passions

Les gens auront toujours besoin de tenir les rênes de leur moi malveillant (*nafs*), car les désirs et les habitudes du moi sont comme des poisons mortels et de lourds boulets qui les poussent vers l'abîme. *Nafs* est cette âme toujours instigatrice du mal. En disant: *'Je ne m'innocente cependant pas, car l'âme est très incitatrice au mal, à moins que mon Seigneur, par miséricorde, ne la préserve du péché. Mon Seigneur*

---

[39] Tirmidhi, Dawat 86; Ibn Maja, Siyam 44.

est certes Pardonneur et très Miséricordieux' (12/53), le Prophète Joseph nous a très bien informés de la nature du moi charnel. Ce moi est tel que plus on lui donne et plus il devient exigent. Le Prophète nous a légué cette belle prière: «*O mon Dieu, je cherche Ta protection contre la faiblesse, la paresse, la peur, l'avarice, la vieillesse et le châtiment de la tombe. O mon Dieu, accorde la piété à mon âme. Purifie-la, car Tu es le meilleur purificateur. Tu es le maître et le propriétaire de l'âme. O mon Dieu, je cherche Ta protection contre le savoir qui n'a aucune utilité, le cœur qui ne craint pas, l'âme qui ne se rassasie pas, et la prière qui n'est pas acceptée.*»[40] Dans une autre supplication semblable, le Prophète a cherché refuge en Dieu contre le mal de son âme et contre tout ce qu'elle pourrait lui apporter de malheurs.[41]

En ce sens, le jeûne a valeur de bouclier contre la fornication qui, entre autres, met en danger la vie du foyer. Le Prophète a conseillé le jeûne à ceux qui n'avaient pas les moyens de se marier, car le jeûne est un bouclier qui protège du péché.

En effet, le meilleur moyen de maîtriser le moi charnel est de jeûner. C'est pourquoi le jeûne, qui est obligatoire dans beaucoup de religions et est accepté comme un moyen de montrer sa crainte et sa vénération pour Dieu, autrement dit sa piété (*taqwa*), a été établi comme un pilier de l'islam. D'ailleurs, Dieu le Très-Haut dit: *O les croyants! On vous a prescrit le jeûne comme on l'a prescrit à ceux d'avant vous, ainsi atteindrez-vous la piété.* (2/183)

Le jeûne est un mors et une bride que l'on attache au moi charnel (*nafs*). Ainsi brise-t-il le joug pharaonique du moi, comme le raconte ce hadith: «Le Tout-Puissant donna plusieurs sortes de châtiments au *nafs*. Il l'a d'abord brûlé dans le feu, puis lui a demandé: 'Qui es-tu et qui suis-Je?' Le *nafs* répondit: 'Tu es toi, et je suis moi'. Là-dessus, Dieu le dompta en l'affamant. Finalement, quand Il lui demanda: 'Qui es-tu et qui suis-Je?' Le nafs répondit: 'Tu es le Seigneur des mondes, et je ne suis qu'un vil serviteur.'»

---

40 Muslim, Dhikr 73.

41 Tirmidhi, Dawat 14.

En somme, grâce au jeûne, l'homme peut se protéger de la rébellion contre son Maître et devenir un serviteur obéissant. Tous ceux qui jeûnent prennent conscience de s'être rapprochés du statut angélique pendant leur jeûne. Et ils comprennent aussi que tant que l'autorisation divine ne leur a pas été accordée, ils ne pourront pas faire la moindre petite chose, pas même boire une petite gorgée d'eau, et de cette façon, ils se rendent compte qu'ils ne sont pas des maîtres, mais qu'ils ne sont que serviteurs et esclaves. Et l'homme reconnaît enfin sa faiblesse, son impuissance, sa déficience, et, avec une main pleine de gratitude, se prépare à frapper à la porte du Miséricordieux.

G – Le Jeûne Protège Contre Le Péché

Le péché est un affaissement intérieur, une perversion, quelque chose de contraire à la disposition naturelle de l'être humain. Le pécheur est un malheureux qui a cédé tous ses dons et ses facultés spirituelles au diable et s'expose ainsi aux affres du remords. Et s'il persiste à commettre ces péchés, il aura alors perdu tout contrôle et n'aura plus ni libre-arbitre, ni résistance contre Satan, ni assez de force pour se renouveler.

Les routes par lesquelles passe l'homme sont semées de mille et un péchés qui sont comme des serpents aux aguets, prêts à le surprendre et à l'attaquer. S'il parvient à se sauver de l'un d'eux, il lui sera pourtant difficile de les éviter tous. Il faut avoir une volonté de fer pour réussir à traverser ces routes pleines d'embûches. Sinon, il est aisé de prédire qu'un tel individu déviera du droit chemin et finira dans une fosse infernale.

Le jeûne est donc une précaution et une garantie contre une telle menace. Pour certains, il est une protection contre la déviation, un appel au secours contre le péché, un bouclier protecteur. Le jeûne est ce qui se transformera en une porte magique apparaissant parmi les murailles du Paradis pour aider le jeûneur à y entrer, ou en un compagnon sacré qui lui versera à boire des nectars du Paradis, de la fontaine de Kawthar. Le Messager de Dieu a recommandé aux jeunes qui n'ont pas les moyens de se marier de jeûner afin d'affaiblir leur ardeur sexuelle et ainsi d'éviter toute relation sexuelle illicite.

Le jeûne est un entraînement; il développe la faculté de résistance face aux désirs charnels. De même qu'une personne qui jeûne trouve la force de s'opposer à toutes sortes de penchants et de désirs négatifs, ainsi avec la résistance qu'elle aura gagnée pendant le jeûne, elle trouvera aussi la même force face aux même dangers quand elle ne jeûnera pas. En effet, le jeûne ne signifie pas seulement priver son estomac, mais il s'agit plutôt de faire jeûner tous les organes et facultés comme les yeux, les oreilles, le cœur et l'imagination, de les éloigner des péchés et des futilités, et d'orienter chacun d'eux vers l'adoration qui lui est propre. De cette façon, le jeûneur mènera une vie alignée sur le licite (*halal*), une vie dont le pivot sera l'agrément divin. Dans le même esprit, voici une parole du Prophète: «Quiconque peut me garantir de protéger ce qu'il a entre ses deux mâchoires et entre ses deux jambes, je lui garantis le Paradis.»[42]

Le moyen le plus efficace de préserver la chasteté de la langue est le jeûne, car tous les organes du corps travaillent et dépensent beaucoup d'énergie quand l'estomac est plein. Et cela ne fait que pousser à bout les désirs, envies et furies du moi charnel. C'est alors que la langue de l'homme se délie et qu'il ne peut plus la contrôler. La langue incontrôlée (qui blasphème, médit, etc.) est l'un des plus grands dangers pour l'au-delà de l'homme. Le seul moyen de la maîtriser est d'imposer des limites à ses désirs. Les hadiths suivants montrent que le jeûne est la meilleure ordonnance à prescrire dans ce domaine: «Quand l'un d'entre vous jeûne, qu'il s'abstienne d'avoir des rapports avec son conjoint et de prononcer de mauvaises paroles à autrui, qu'il ne gronde ni ne s'écrie. Si jamais quelqu'un l'insulte ou le moleste, qu'il dise: 'Je jeûne.'»[43]; «Quiconque ne renonce pas aux mensonges et aux pratiques qui y correspondent pendant qu'il jeûne, qu'il sache que Dieu n'a nul besoin qu'il arrête de manger et de boire.»[44]

---

[42] Bukhari, Rikak 23.

[43] Bukhari, Sawm 9; Nasai, Siyam 42; Ahmad ibn Hanbal, 2/273.

[44] Bukhari, Sawm 8.

Bref, le jeûne le plus parfait est le jeûne de l'estomac tout autant que celui des yeux, des oreilles, du cœur, de l'esprit, de l'intellect et des autres organes. Leur jeûne s'accomplit en les privant des péchés et des futilités et en les poussant à adorer Dieu chacun à la manière qui lui sied. Pour ce faire, si l'estomac, qui est la plus grande usine du corps humain, peut être dominé grâce au jeûne, alors les autres membres pourront aussi être dominés de cette manière.[45]

H – Le Jeûne Nous Enseigne À Être Digne De Confiance

Le jeûne, public ou secret, nous apprend à toujours garder comme il convient la chose confiée (le dépôt). Car il n'y a pas d'autre surveillant que Dieu pour assurer que l'on s'abstient bien de manger et de boire des bontés licites qu'Il nous a octroyées. Seul Dieu sait si l'on jeûne vraiment. Du matin jusqu'au soir, le jeûneur se conforme aux limites que Dieu a tracées pour lui. Bien que toutes les opportunités soient présentes et que personne ne le voie, le croyant continue son jeûne. Ainsi, il est rempli du sentiment de garde du dépôt confié durant toute la journée. Ce comportement adopté à l'égard du jeûne se reflète dans toute la vie du musulman. Toute sa vie durant, celui qui jeûne se montrera alors parfaitement digne des choses que les gens lui confieront, en étant conscient à chaque instant que Dieu le voit et sait tout ce qu'il fait.

I – Le Jeûne Nous Apprend À Être Fidèles À Nos Promesses

Le jeûne est le plus bel acte d'adoration qui mette en exergue le sentiment de constance et de loyauté, car le jeûne est un pacte entre Dieu et Son serviteur. Celui-ci va abandonner certaines choses pendant des durées déterminées, et montrera ainsi qu'il est fidèle à son engagement. En même temps, grâce à son jeûne, l'être humain développera le sentiment de loyauté, qui deviendra une seconde nature pour lui. Celui qui atteint ce niveau sera un modèle de loyauté dans la vie sociale et cette qualité lui apportera le bonheur dans les deux mondes.

---

45 Bediuzzaman Said Nursi, Risale-i Nur Külliyatı I, Les Lettres, p. 540.

J – Le Jeûne Nous Enseigne Le Contentement

Grâce au jeûne, l'être humain est capable de mettre un obstacle aux insufflations sataniques que lui inspire son moi charnel. Il peut tenir les rênes de ce moi et l'orienter où il veut, car il est fermé à l'alimentation du corps, à la sensualité et au bas-monde. Ainsi, en étant libéré de son moi, des sentiments vils et des pressions de son moi, il retrouvera honneur, dignité et puissance (*izzah*), qualités que le Tout-Puissant a compté parmi celles du croyant. *C'est à Dieu qu'appartiennent l'honneur et la puissance, ainsi qu'à Son messager et aux croyants.* (63/8)

K – Le Jeûne Nous Enseigne La Patience

L'un des plus grands avantages du jeûne est d'apprendre à l'homme à être patient. En effet, il ne mange pas quand il a faim, ne boit pas quand il a soif, dit «Je jeûne» quand on le moleste, et patiente. Quand l'être humain se lie mains, pieds, langue, lèvres et oreilles, la patience devient pour lui une monture céleste (*Buraq*), et il bat des ailes vers son Seigneur, volant vers Son agrément.

Le système nerveux joue un rôle crucial dans notre organisme. Celui dont les nerfs de la langue sont paralysés ne peut plus parler. Celui dont les nerfs des jambes sont paralysés ne peut plus marcher. Notre vie est plus ou moins en danger selon l'ampleur du dysfonctionnement nerveux. Celui qui subit des troubles nerveux devient agité et ne peut pas patienter. La plupart des disputes et des meurtres sont liés à la colère et à l'impatience. Un hadith dit: «Le jeûne est la moitié de la patience, et la patience la moitié de la foi.»[46] Ainsi, le jeûne fait clairement partie de la foi. Et celui qui a une foi forte ne commettra ni crime ni péché. Il sera à même de contrôler ses nerfs et de patienter, parce que celui qui jeûne voit ses désirs s'affaiblir, la patience devient plus facile pour lui.

L – Le Jeûne Nous Enseigne La Persévérance Et L'endurance

Celui qui mène une vie tranquille où rien ne manque se méprend quand il croit que cela va forcément durer. Il peut tout perdre à tout

---

[46] Ibn Maja, Siyam, 44.

moment: ses biens, ses amis ou même ses enfants. Une personne riche peut tout à coup se ruiner et devenir pauvre, elle peut subitement tout perdre à cause d'une catastrophe naturelle, ou encore souffrir sévèrement des conséquences d'une guerre. Face à une telle situation inattendue, il faut savoir résister et ne pas s'effondrer. Pour cela, il faut s'être préparé et avoir habitué son corps à la privation.

L'acte d'adoration du jeûne est donc très utile pour ne pas s'ébranler et garder espoir dans les moments difficiles. Il est comme une formation d'adaptation au pire des cas, où le corps est privé des besoins les plus essentiels comme le manger et le boire. La patience ainsi obtenue sera utilisée lors des épreuves difficiles et les rendra plus aisément supportables. En même temps, le jeûne forme des êtres humains idéaux qui résistent aux douleurs et aux souffrances, qui n'abandonnent pas facilement, qui se maîtrisent, et qui ne sacrifient jamais leurs principes pour quelques promesses alléchantes.

M – Le Jeûne Nous Enseigne L'ordre Et L'harmonie

Le jeûne apporte au croyant un sens de l'ordre et de l'harmonie. Tout ce qu'il fait, à savoir manger à des heures fixes, s'abstenir pendant des périodes déterminées, être encore plus assidu et attentif dans la prière prescrite, se lever en même temps que tous les croyants pour le déjeuner du *sohour* puis attendre avec tout le monde l'instant de la rupture du jeûne, accomplir la prière nocturne du *tarawih*, etc., sont chacun des moyens d'habituer le croyant à mener une vie équilibrée, ordonnée et harmonieuse. C'est ainsi que le croyant est capable de mieux valoriser son temps, de discipliner sa vie et d'en tirer un plus grand profit.

QUELS SONT LES AVANTAGES QUE LE JEÛNE APPORTE À LA SOCIÉTÉ ?

A – Le Jeûne Assure L'unité Et L'harmonie De La Société

Le jeûne (surtout celui du Ramadan) entraîne des changements positifs dans l'attitude du jeûneur vis-à-vis des autres. Le sens de communion qu'il inspire aide le jeûneur à mieux comprendre les autres et à plus facilement se faire des amis. Le fait que tous les croyants jeûnent pendant le même mois, qu'ils accomplissent la prière du *tarawih* en commun, qu'ils veillent ensemble durant la Nuit du Destin (*Laylat al-Qadr*), et célèbrent ensemble la fête (*Aïd al-Fitr*), sont tous les occasions d'une fraternité et d'un amour mutuel durables. Selon les paroles du Prophète: «Les croyants, quand ils s'aiment, qu'ils ont pitié les uns des autres et qu'ils nourrissent une affection mutuelle, sont tels un corps. Si l'un de ses membres se plaint, les autres gémissent, ont de la fièvre et n'arrivent plus à dormir.»[47] Ainsi, les croyants se sentent comme les membres d'un même corps et ce sentiment renforce la solidarité et l'amitié au sein de la communauté.

Le fait que tous les membres d'une famille s'attablent au même moment autour d'une même table pour attendre ensemble l'instant de la rupture du jeûne (*iftar*), lie et rapproche un peu plus ces individus les uns des autres. Cette attente de l'*iftar* a pour effet d'augmenter l'amour et la cohésion qui existent entre les membres de la famille, et est donc importante pour la construction de la famille sur des bases solides. Cela est d'ailleurs l'une des sagesses derrière la recommandation islamique de s'attabler en famille, d'attendre ensemble l'instant du repas, et aussi d'inviter les proches, amis, voisins et même inconnus à ce dîner. L'attente commune de cet instant renforce les liens d'amitié avec toutes les personnes attablées, y compris celles que l'on ne connaît pas. La faim adoucit notre cœur et le remplit de tendresse pour autrui ainsi que pour toute chose vivante. Il ne nous reste alors ni envie ni énergie pour l'hostilité et la rancune. Ces sentiments affectueux continuent après le Ramadan, car le jeûne est une période de formation.

B – Le Jeûne Nous Rappelle La Souffrance Du Pauvre

Pour ceux qui passent leur vie à manger les mets les plus variés et les plus savoureux, sans jamais ressentir la faim ni la soif, ni les souffrances qu'elles apportent, et qui peut-être n'a même pas la moindre

---

[47] Bukhari, Adab 27; Muslim, Birr 66; Ahmad Ibn Hanbal, Musnad 4/270.

idée de ce qu'est la faim, le jeûne est enfin l'occasion pour lui de comprendre, un tant soit peu, tout cela en le vivant lui-même. C'est de cette manière que le riche va avoir une idée de ce qu'est la pauvreté et la faim, des difficultés vécues par le pauvre, et se hâtera alors de pourvoir aux besoins des nécessiteux. La faim (par le jeûne) permet donc à celui qui possède toutes sortes de biens matériels de se rendre compte de la situation des indigents, et par conséquent de changer son attitude envers eux, de faire déborder ses sentiments de générosité et enflammer ses sentiments altruistes. Quand le riche se conduit ainsi, l'envie et la haine que pourrait éprouver le pauvre s'effacent et le conflit qui peut opposer ces deux classes cesse et laisse place à la paix dans la société. Qui plus est, le pauvre devient en quelque sorte le protecteur des biens du riche.

L'idée de restaurer la justice sociale, la sécurité et la paix si facilement est aussi intéressante qu'elle est difficile à croire. Toutefois, c'est un fait fondé sur l'expérience et sur les enseignements prophétiques: «Celui qui est rassasié tandis que son voisin a faim n'est pas des nôtres.»[48]

Il est clair que la profonde sagesse derrière l'obéissance aux règles prescrites par Dieu et l'accomplissement de tels actes d'adoration qui ont beaucoup d'avantages personnels et sociaux, même si nous ne connaissons que certains de ces avantages. Non seulement l'abstention de nourriture nous offre une bonne santé, mais aussi elle fait de nous un membre parfait de la communauté.

C - Le Jeûne Développe La Dignité

Celui qui éduque son corps et son moi charnel avec le jeûne, endurant douleurs, faim et soif, en vient à pouvoir défier et surmonter toutes les difficultés de la vie. Désormais ni la faim ni la soif ne sauraient l'effrayer ni le lier. L'estomac ne s'accrochera pas à son nez comme un hameçon. Quel que soit le malheur qui le frappe, il saura endurer la faim et la soif pendant des jours sans pour autant sacrifier son honneur et sa dignité en tendant la main à autrui. D'ailleurs, même

---

[48] Ahmad Ibn Hanbal, Musnad, 1/55.

s'ils ne font pas cela pour Dieu, si les yogis arrivent à ne guère manger ni boire pendant six mois, les croyants, grâce à leur jeûne, en ayant avec eux l'aide et le consentement de leur Seigneur, peuvent résister bien plus que cela.

Cependant, celui qui ne connaît pas le jeûne et qui n'a pas pratiqué cette activité durant toute sa vie, et qui donc ne s'est pas habitué à la faim et à la soif, face à la pauvreté et à la faim qui pourra le frapper un jour, il est fort probable qu'il foulera aux pieds son honneur et sa dignité et se traînera d'un endroit à l'autre pour mendier.

QUEL EST LE SENS SPIRITUEL DU JEÛNE ?

Avant de nous concentrer sur la signification intérieure du jeûne, attardons-nous un peu sur ses caractéristiques extérieures. Quelle est la logique derrière le fait de s'arrêter pendant la journée de manger et de boire, choses qui sont des besoins naturels? Est-il sage d'agir ainsi pendant les longues journées d'été ou bien en hiver, quand le corps a besoin d'être davantage nourri? Cela n'est-il pas nuisible à la santé du corps?

Tout d'abord, il n'est pas juste de dire que le jeûne, au sens islamique, serait mauvais pour la santé quand il est observé en hiver. Les observations biologiques montrent que pendant la saison froide, les animaux sauvages ne trouvent guère à manger. C'est pourquoi ils hibernent et passent leur temps à «jeûner». Cette situation les rajeunit et les revigore vers l'arrivée du printemps où ils s'éveillent et passent à l'action. Cela prouve qu'un organisme vivant peut survivre longtemps sans eau ni nourriture, sans que sa santé en pâtisse.

Il en est de même pour les arbres. L'hiver, ils perdent leurs feuilles, dorment, et ne prennent même pas d'eau. Après un «jeûne» de quelques mois, quand arrive le printemps, ils rajeunissent et reprennent vie, et se parent de nouvelles feuilles et de fleurs.

Même les métaux ont besoin d'un tel «jeûne». Les moteurs et les machines se «fatiguent» et ont besoin d'être régulièrement reposé et entretenus afin de retrouver leur force initiale. Un tel repos augmente la performance de ces machines.

Similairement, le corps humain et le système digestif en particulier ont besoin de repos. Le jeûne répond à cette demande. Mais le véritable but du jeûne n'est évidemment pas de bénéficier de ces avantages pour notre santé.

L'être humain est le chef-d'œuvre le plus miraculeux que Dieu ait créé. Les opposés se sont réunis en lui: le corps et l'âme, le matériel et le spirituel, le sens et la substance sont l'un dans l'autre. Le bonheur de l'homme dépend de l'équilibre de ces éléments. L'aspect matériel du moi tend à dominer l'âme car il est constamment nourri et entretenu. Parce que notre côté matériel est plus concret, il tend à jeter nos forces spirituelles dans l'ombre et à faire pression sur elles. Si cette tendance prévaut et devient effective, le développement de l'âme sera entravé. En ce sens, il faut limiter le pouvoir du corps pour pouvoir épanouir celui de l'âme.

La voie la plus efficace pour atteindre ce but est la faim, la soif, la limitation des désirs sexuels, et la maîtrise des organes tels que la langue, le cœur et l'esprit. C'est un fait bien établi qui est corroboré par l'expérience humaine.

L'un des signes révélateurs de la maturité d'une personne est l'assujettissement de ses instincts bestiaux. La nature humaine est inconstante et indocile; elle se montre tantôt excessive, tantôt régressive. Il est nécessaire d'employer des mesures fortes comme le jeûne afin de réprimer ces excès. Si l'être humain pèche puis se repent et regagne la voie par le jeûne, cela renforcera sa volonté, purifiera son âme et lui apportera réconfort.

Le fait de ne pas manger et de ne pas boire est l'une des caractéristiques des anges. En adoptant un tel régime, l'être humain commence à ressembler aux anges. Mais c'est parce qu'il fait cela uniquement pour obéir à un commandement divin que cela le rapproche de Dieu. Ainsi obtiendra-t-il ce qui est l'objectif de tout croyant, c'est-à-dire l'agrément de Dieu.

Il convient d'observer certaines règles afin de pouvoir atteindre ce but. Le jeûne est une opération d'abstention, c'est-à-dire où il faut éviter tout ce qui pourrait rompre le jeûne. Dans l'idéal, le jeûne se réalise avec la participation de tous les organes.

De même qu'il protège son estomac de la consommation de tout aliment solide ou liquide, ainsi le croyant doit protéger sa langue de tout mensonge, médisances, futilités et mauvaises paroles. L'œil ne doit pas regarder ce qui est illicite ou mauvais, et ne doit pas chercher de défauts. L'oreille ne doit pas écouter les médisances, les commérages et les choses viles. Et plus important que tout, le cœur et l'esprit ne doivent pas se préoccuper et penser à de mauvaises choses. Les sages dévots ont jugé que le mensonge et la médisance rompaient le jeûne. Celui qui n'a pas réussi à faire jeûner tous ses organes, même si en apparence il semble avoir jeûné, en réalité, il n'a pas su saisir l'essence du jeûne. Du reste, le Prophète a ainsi souligné cette vérité: «O combien de jeûneurs ne gardent de leur jeûne que la faim et la soif!»

Celui qui jeûne avec tous ses organes sera plus attentif et plus droit. Il se contentera même de dire «Je jeûne» à ceux qui le provoquent. Agir ainsi, c'est agir selon les conseils du Prophète. La diminution des troubles de l'ordre public pendant le Ramadan est d'ailleurs en partie due à cette croyance.

Ce qui fait la valeur d'un acte d'adoration est la sincérité (*ikhlâs*). Elle implique que l'on fasse une chose uniquement pour Dieu. Le jeûne reflète bien cette caractéristique, car personne ne peut savoir si l'on jeûne vraiment. Seuls Dieu et nous-mêmes pouvons savoir cela. D'ailleurs, l'on n'a pas besoin d'informer les autres que l'on jeûne.

Dans un hadith *qudsi* (sacré), Dieu le Très-Haut dit: «Le jeûne est fait directement pour Moi, et c'est Moi-même qui en donnerai la récompense.» Le jeûneur doit donc s'éloigner de tous les comportements qui pourraient détériorer sa sincérité. Si notre jeûne, qui est sensé n'être que pour Dieu, est pratiqué en contrariant notre entourage ou en attendant d'eux soins et attention, il perdra de sa valeur spirituelle.

Nous avons déjà dit que les sages dévots ne conçoivent pas que le jeûneur puisse manquer aux règles morales. Et les plus avancés parmi eux ajoutent que ceux qui négligent l'évocation permanente de Dieu (*zhikr-i daim*) nuisent à leur jeûne. Selon eux, «Le jeûne est pour

Moi» signifie «Je suis *Samad*», Celui vers qui toutes les créatures se tournent pour tous leurs besoins, et Celui qui ne dépend de rien ni de personne. Dieu n'a nul besoin, et n'a donc pas non plus besoin de notre jeûne. C'est parce que c'est un acte d'adoration accompli pour Dieu seul et qu'il entraîne un changement positif chez le jeûneur en le dotant de hautes valeurs morales que Dieu l'en récompensera d'une manière qui dépasse notre entendement.

Par ailleurs, le jeûne est un acte d'adoration qui n'est pas visible à autrui et dans lequel il n'y a donc pas d'ostentation (*riya*). C'est pourquoi Dieu dit dans la deuxième moitié du hadith «c'est Moi-même qui en donnerai la récompense».

Il y a trois sortes de jeûnes: le jeûne de l'âme, c'est-à-dire s'écarter des désirs excessifs et vivre dans le contentement; le jeûne de la raison, c'est-à-dire agir à l'encontre des passions et des désirs charnels; et le jeûne de la chair, c'est-à-dire faire un régime alimentaire et l'abstention de l'illicite.

Le hadith disant que «le jeûne est un bouclier» a été interprété ainsi: le jeûne doit être un rideau entre l'être humain et le *mâsiwâ* (tout autre que Dieu).

Ainsi pensait Mawlâna Djalaladdin ar-Roumi: le jeûne, en liant les lèvres, délie les yeux du cœur; et en fermant la voie aux forces charnelles, ouvre les yeux de l'âme. Aucun acte d'adoration ne saurait illuminer ceux dont les yeux du cœur sont aveugles.

Selon Roumi, le jeûne est le plus grand acte d'adoration: «Il est le *buraq* (monture céleste) qui conduit l'homme vers l'ascension, le mystère du Coran, le combat de l'homme mené contre son moi charnel. Le jeûne nous ramène à la vie, nous revigore, et développe notre humanité. Il donne l'existence à travers la non-existence.»

En somme, il y a trois degrés dans le jeûne:

1. le jeûne commun: s'abstenir de manger, de boire et d'avoir des rapports sexuels du matin jusqu'au soir;
2. le jeûne de l'élite (*khawas*): en plus du jeûne commun, ils font jeûner tous leurs organes;

3. le jeûne de la crème de l'élite (*khawasul khawas, arifeen*) : en plus de tout cela, ils vouent leur cœur entièrement à Dieu et l'éloignent de tout ce qui n'est pas Dieu.

Pendant le jeûne, le commun des croyants n'insère aucun aliment dans son estomac; l'élite n'approche rien qui soit mauvais ou illicite de ses organes; la crème des élites, c'est-à-dire les grands sages, les êtres spirituellement accomplis, n'insèrent rien de *mâsiwâ* (autre que Dieu) dans leur cœur. Tel est la finalité du jeûne que nous devons nous efforcer d'atteindre.[49]

---

[49] Demirci, Mehmet, "İbadetlerin İc Anlamı" (Sens Profond des Actes d'Adoration), Revue de Soufisme, V: 3, Ankara, 2000.

Chapitre 3

Les Différentes Catégories de Jeûne

LES DIFFÉRENTES CATÉGORIES DE JEÛNE

QUELLES SONT LES DIFFÉRENTES CATÉGORIES DE JEÛNE ?

Les Catégories de Jeûnes sont:

1. Les jeûnes obligatoires
2. Les jeûnes surérogatoires
3. Les jeûnes interdits

QUELS SONT LES DIFFÉRENTS JEÛNES OBLIGATOIRES (*FARDH*) ?

Il existe 4 catégories de jeûnes obligatoires:

A. Le Jeûne du Mois de Ramadan

En islam, l'un des actes d'adoration que tous les musulmans responsables doivent pratiquer est le jeûne. Est considéré responsable celui qui est croyant, pubère, sain de corps et d'esprit et qui n'est pas en voyage; pour les femmes, elles sont exempte de la responsabilité dès lors qu'elles ont leurs menstrues, leurs lochies, qu'elles sont enceintes ou qu'elles allaitent (dans ces deux dernières conditions, le jeûne n'est pas obligatoire si l'état de santé de la mère ou du bébé est très affecté par le jeûne). Tout musulman qui entre dans cette catégorie est donc jugé responsable et est tenu de jeûner tous les ans pendant le mois de Ramadan (9ème mois de l'année lunaire), selon les indications du Prophète et du saint Coran.

B. Le Jeûne de Rattrapage (*Qadha*)

Il existe deux sortes de jeûne de rattrapage:

1. La personne qui est en devoir de jeûner mais qui ne l'a pas fait pendant le Ramadan, ou bien qui a rompu son jeûne en

ayant des excuses religieusement valables, doit rattraper tous les jours où elle a manqué de jeûner après le mois de Ramadan. Ceux qui ne jeûnent pas ou rompent leur jeûne parce qu'ils sont en voyage, ou qu'ils sont malades et attendent de guérir, ou qu'il s'agit de femmes qui ont leurs règles ou lochies, ou qui sont enceintes ou allaitent, doivent rattraper le nombre de jours qu'ils n'ont pas pu jeûner. Ainsi l'exprime le Coran: *Quiconque d'entre vous est malade ou en voyage, devra jeûner un nombre égal d'autres jours.* (2/184) Le rattrapage peut avoir lieu n'importe quand entre la fin du Ramadan de l'année courante et le début du prochain Ramadan.

2. Quiconque rompt un jeûne surérogatoire doit rattraper ce jeûne un autre jour. Un acte d'adoration comme le jeûne ou la prière que l'on commence mais que l'on ne termine pas, quelle qu'en soit la raison, doit être rattrapé. À ce propos, Aïcha, l'épouse du Prophète, nous rapporte ceci: «Hafsa et moi jeûnions. On nous apporta un repas. Nous en avions envie et nous en mangeâmes. Plus tard, quand le Prophète arriva, Hafsa me devança pour dire: 'O Messager de Dieu! Nous jeûnions. On nous a apporté un repas. Comme nous en avions envie, nous en avons mangé.' Là-dessus, l'Apôtre de Dieu dit: 'N'ayez crainte; vous devrez juste jeûner un autre jour pour remplacer celui-ci.'»[50]

C. Le Jeûne Du Vœu (*Nazhr*)

Nazhr, c'est se rendre obligatoire d'accomplir un acte licite pour rendre honneur à Dieu. Il est acceptable et même méritoire de s'imposer, uniquement pour l'amour de Dieu, certains actes qui peuvent compter comme des actes d'adoration. Il est obligatoire à celui qui dit par exemple: «Je fais vœu de jeûner demain pour l'amour de Dieu» ou «Je promets que tel jour je donnerai, pour gagner l'agrément de Dieu, tant d'argent aux pauvres», de tenir son engage-

---

[50] Abu Dawud, Siyam, 73; Tirmidhi, Sawm, 36; Ahmad Ibn Hanbal, 6/263.

ment. En effet, Dieu a dit: *qu'ils remplissent leurs vœux.* (22/29) Et le Prophète a dit: «Quiconque fait vœu d'obéir à Dieu, qu'il Lui obéisse, et quiconque fait vœu de se rebeller contre Dieu, qu'il ne désobéisse pas à Dieu.»[51]

D. Le Jeûne De L'expiation (*Kaffarah*)

Il s'agit du jeûne – de 2 mois consécutifs – accompli par celui qui n'a pas jeûné ou a rompu son jeûne du Ramadan volontairement et sans excuse valable. Cela constitue un grave péché. En raison des vertus et mérites innombrables du jeûne pendant le Ramadan, même un jeûne perpétuel ne saurait compenser un jour de jeûne négligé pendant le Ramadan. Cependant, afin d'expier la rupture délibérée et insouciante d'un jour de jeûne du Ramadan, le croyant doit jeûner pendant 2 mois consécutifs. La preuve de cette obligation se trouve dans le hadith rapporté par Abou Houraïra:

Un homme vint au Messager de Dieu et dit:

«Je suis perdu!

- Qu'est-ce qui t'a anéanti comme cela? demanda le Prophète.
- J'ai eu des rapports avec ma femme pendant le Ramadan, répondit-il.
- Peux-tu rassembler assez de biens pour pouvoir affranchir un esclave?
- Non.
- Peux-tu jeûner deux mois d'affilée?
- Non.
- Peux-tu rassembler assez de biens pour nourrir 60 pauvres?
- Non», répéta l'homme.

Puis il s'assit. Entre temps, l'on apporta au Prophète une corbeille remplie de dattes. Il la tendit à l'homme en disant:

«Donne cela en aumône.

---

[51] Nasai, Iman 41.

– Y a-t-il plus pauvre que nous? Entre ces deux montagnes (de Médine), il n'est pas de famille plus pauvre que la mienne.
– Va donc nourrir ta famille avec cela», répondit le Prophète avec un sourire.[52]

Pour résumer, l'expiation est obligatoire si l'on a des rapports avec son conjoint et si l'on mange ou boit intentionnellement pendant le jeûne du Ramadan. L'expiation consiste à libérer un esclave, si cela n'est pas possible, jeûner 2 mois consécutifs, et si cela n'est pas non plus possible, nourrir 60 pauvres.

QUELS SONT LES DIFFÉRENTS JEÛNES SURÉROGATOIRES ?

Le jeûne surérogatoire est un acte d'adoration qui n'est pas obligatoire mais volontaire (*nawafil*) et qui est pratiqué dans le but de se rapprocher de Dieu. Dans un hadith *qudsi* (c'est-à-dire dont Dieu a révélé le sens à Son Messager), notre Prophète explique l'importance de l'adoration surérogatoire en rapportant ainsi la Parole de Dieu: «Mon serviteur ne peut se rapprocher de Moi par quelque chose de plus aimable que les choses que J'ai prescrites. Mon serviteur continue à se rapprocher de Moi grâce aux actes d'adoration surérogatoires; quand finalement J'en viens à l'aimer. Et dès lors que J'aime mon serviteur, Je deviens l'oreille avec laquelle il entend, l'œil avec lequel il voit, la main avec laquelle il tient, le pied avec lequel il marche.»[53]

Le Messager de Dieu ajoute aussi, concernant les vertus du jeûne surérogatoire: «Quiconque jeûne un jour pour Dieu, Dieu le Très-Haut écartera son visage de l'Enfer pendant (une distance de) 70 ans.»[54]

A. Le Jeûne du Prophète David

Notre Prophète nous a appris que le jeûne le plus méritoire après le jeûne obligatoire est celui du Prophète David. Abdullah b. Amr rapporte:

---

52 Bukhari, Sawm, 31; Muslim, Siyam, 81; Tirmidhi, Sawm, 28.

53 Bukhari, Riqaq, 38; Musnad, 4/256.

54 Bukhari, Jihad, 36; Muslim, Siyam, 167; Ibn Maja, Siyam, 34; Nasai, Siyam, 44.

«Certains informèrent le Messager de Dieu que j'avais dit: 'Tant que je vivrai, certes, je prierai la nuit et jeûnerai le jour'. Sur ce, le Messager demanda:

'Est-ce bien toi qui a dit cela?

– Oui, c'est moi qui ai dit cela, ô Messager de Dieu, répondis-je.
– Mais tu n'en as pas la force. Tantôt jeûne et tantôt ne jeûne pas, tantôt dors et tantôt prie. Et jeûne 3 jours par mois, car chaque bonne action est récompensée par 10 fois sa valeur. Et ces 3 jours de jeûne équivalent donc au jeûne de toute une année.
– O Messager de Dieu, je suis capable d'en faire plus.
– Alors jeûne tous les 3 jours.
– Mais je peux en faire plus.
– Alors jeûne un jour et romps le jour suivant; tel est le jeûne de David, qui est le jeûne surérogatoire le plus méritoire.
– Mais je peux en faire plus.
– Or il n'est rien de plus méritoire que cela.»[55]

Dans un autre hadith, le Messager de Dieu dit: «Le jeûne le plus méritoire est celui que pratiquait David. Il jeûnait tous les deux jours.»[56]

B. Le Jeûne des Lundis et Jeudis

Le Prophète accordait parfois plus de soin et d'attention à certains jeûnes en particulier. À ce sujet, Aïcha dit: «Le Messager de Dieu s'attachait à jeûner les lundis et les jeudis.»[57] La raison pour laquelle il jeûnait avec une attention particulière en ces jours-là est que les actes des êtres humains sont présentés à Dieu en ces jours. Ussama b. Zeyd rapporte ceci: «Quand j'ai vu le Prophète jeûner les lundis et jeudis, je lui en ai demandé la raison. Il m'a répondu: 'Les actes

---

[55] Bukhari, Anbiya, 37; Muslim Siyam, 181; Abu Dawud, Sawm, 53; Nasai, Siyam, 86.

[56] Bukhari, Sawm, 56; Muslim, Siyam, 189; Abu Dawud, Siyam, 76.

[57] Tirmidhi, Sawm, 44; Nasai, Siyam, 36; Ibn Maja, Siyam, 42; Ahmad Ibn Hanbal 6/80.

sont présentés à Dieu les lundis et jeudis. Je veux être en état de jeûne pendant que mes actes sont présentés au Tout-Puissant.»[58]

Dans un autre hadith, on interrogea le Prophète sur le jeûne du lundi. Il répondit: «Je suis venu au monde en ce jour et c'est aussi en ce jour que la Prophétie m'a été donnée (ou que la révélation divine a commencé à m'être envoyée.)»[59]

C. Le Jeûne de 3 Jours Par Mois

Le jeûne de 3 jours par mois fait partie des habitudes du Messager de Dieu. Aussi est-il plus méritoire que ces jours soient les 13, 14 et 15 des mois du calendrier lunaire. La récompense du jeûne accompli en ces jours équivaut à celle du jeûne de toute une année, car la récompense d'une bonne action est multipliée par 10. Dieu dit dans le Coran: *Quiconque viendra avec le bien aura dix fois autant; et quiconque viendra avec le mal ne sera rétribué que par son équivalent. Et on ne leur fera aucune injustice.* (6/160) Donc, si l'on multiplie 3 jours par mois par 10, cela fait 30. Ainsi, celui qui jeûne pendant ces jours-là est considéré au niveau de la récompense comme s'il avait jeûné tous les jours de l'année. Abou Houraïra rapporte: «Le Messager de Dieu m'a conseillé 3 choses: 1) jeûner 3 jours par mois, 2) prier 2 *rakat* de prière le matin (*dhuha*), 3) faire la prière du *witr* avant de me coucher le soir.»[60]

Quant à Abou Zharr, il rapporte que le Messager a dit: «O Abou Zharr! Quand tu jeûnes 3 jours dans le mois, qu'ils soient les 13, 14 et 15ème jours du mois.»[61]

D. Le Jeûne Pratiqué le Jour de Arafat et Pendant le Mois de Zhul-Hijja

Les croyants qui ne sont pas des pèlerins du Hajj peuvent jeûner le jour de Arafat. C'est le 9ème jour du mois lunaire de Zhul-hijja. Le

---

58 Tirmidhi, Sawm, 44; Nasai, Siyam, 70.
59 Muslim, Siyam, 197.
60 Bukhari, Sawm, 60; Nasai, Siyam, 81.
61 Nasai, Siyam, 84; Ahmad Ibn Hanbal, 5/152.

Prophète nous informe que le jeûne accompli en ce jour a valeur d'expiation pour les péchés de l'année précédente et de l'année suivante.[62] Il ajoute, concernant les vertus de ce jour: «Il n'est pas de jour où Dieu ait autant affranchi les gens du châtiment de l'Enfer.»[63]

Le Messager de Dieu a interdit au pèlerin de jeûner ce jour-là, car s'il jeûnait, il aurait du mal à accomplir les rites du pèlerinage et ne les ferait peut-être pas parfaitement. De plus, il aurait alors mis au deuxième rang ce qui est une priorité pour lui.

E. Le Jeûne Des 6 Jours De Chawwal

Le mois de Chawwal est le mois suivant celui du Ramadan dans le calendrier islamique. Il fait partie de la *Sounna* de jeûner pendant 6 jours de ce mois. En effet, le Prophète a dit: «Quiconque accompli le jeûne du Ramadan, puis y ajoute 6 jours du mois de Chawwal, sera considéré comme ayant jeûné toute l'année.»[64]

Comme le saint Coran déclare que *Quiconque viendra avec le bien aura dix fois autant* (6/160), alors le mois de Ramadan vaut pour 10 mois, et les 6 jours de Chawwal pour 60 jours, c'est-à-dire 2 mois, ce qui fait au total 12 mois. Ainsi le croyant obtient-il la récompense de toute une année de jeûne en ayant jeûné que le mois de Ramadan et les 6 jours de Chawwal.

Il est préférable de pratiquer les jeûnes de Chawwal, jeûnes surérogatoires ou de rattrapage, les lundis et les jeudis, car les actes humains sont présentés à Dieu en ces jours.[65]

F. Le Jeûne du Jour de L'achoura

Ibn Abbas nous rapporte les informations suivantes concernant l'Achoura: «Le Prophète vit les juifs jeûner le jour d'Achoura quand il vint à Médine et demanda: 'Qu'est-ce que cela?' A quoi ils répondirent: 'C'est un jour bénéfique, c'est le jour où Dieu sauva les En-

---

[62] Muslim, Siyam, 196.
[63] Muslim, Hajj, 436.
[64] Muslim, Siyam, 204; Tirmidhi, Sawm, 52; Ibn Maja, Siyam, 33.
[65] Tirmidhi, Sawm, 44; Nasai, Siyam, 70.

fants d'Israël de leurs ennemis. Moïse avait aussi jeûné en ce jour.' Le Prophète déclara alors: 'Je suis plus proche et plus digne que vous de Moïse' et il jeûna ce jour et ordonna aux croyants d'en faire autant.[66] Cette situation dura jusqu'à ce que le jeûne du Ramadan devienne obligatoire. Ensuite, le Prophète laissa les gens libres d'agir à leur gré à ce sujet. Ce hadith exprime bien cette libéralité: «Aujourd'hui est le jour d'Achoura. Il ne vous a pas été obligé de jeûner en ce jour. Que celui qui le souhaite jeûne, sinon qu'il ne jeûne pas.»[67]

G. Le Jeûne du Mois de Chaban

Il est rapporté que le Messager de Dieu jeûnait la totalité ou une grande partie du mois de Chaban (8ème mois lunaire précédant le Ramadan), et le joignait même au mois de Ramadan. Oumm Salama, épouse du Messager, rapporte: «Notre Prophète n'a jamais jeûné un mois entier en dehors de Chaban, dans une année. Et il a joint le mois de Chaban à celui de Ramadan.»[68] Nous lisons aussi d'Aïcha: «Je n'ai jamais vu le Prophète jeûner un mois entier en dehors du mois de Ramadan, et je ne l'ai jamais vu jeûner plus que pendant le mois de Chaban.»[69]

QUELS SONT LES JEÛNES INTERDITS ?

A. Le Jeûne Total Pendant Plusieurs Jours Consécutifs

Autrement appelé *wissal*, cet acte consiste à jeûner deux ou plusieurs jours d'affilée sans jamais rompre le jeûne. Notre noble Prophète, symbole de compassion et d'affection, a averti ceux qui faisaient cela et leur a conseillé de ne plus pratiquer le *wissal*. Aïcha nous rappelle cet avertissement: «Parce qu'il avait pitié des musulmans, le Prophète leur a interdit le jeûne du *wissal*.»[70]

---

[66] Bukhari, Sawm, 69; Muslim, Siyam, 127; Abu Dawud, Sawm, 63.
[67] Bukhari, Sawm, 69; Muslim, Siyam, 116; Muwatta, Siyam, 34.
[68] Abu Dawud, Sawm, 57.
[69] Bukhari, Sawm, 52; Muslim, Siyam, 176; Abu Dawud, Sawm, 59.
[70] Bukhari, Sawm, 20; Muslim, Siyam, 60; Abu Dawud, Sawm, 24;Tirmidhi, Sawm, 62.

B. Le Jeûne Pratiqué Tous Les Jours

L'Islam est une religion assez facile pour pouvoir être pratiquée par tout le monde. Il n'y a absolument aucune règle en islam qui ne soit pas supportable aux êtres humains. En islam, tout est modération, loin des excès en tous genres. Le jeûne quotidien d'une personne pendant toute sa vie peut engendrer des conséquences négatives. En affaiblissant son corps, l'homme aura du mal à remplir normalement ses fonctions physiques, il ne pourra pas participer pleinement dans la société, et pourra même être forcé de rester seul. Ou alors à force de jeûner, la faim deviendra une habitude chez lui et il ne pourra donc pas retirer tous les bienfaits que cela apporte normalement. C'est entre autres pour ces raisons que le Messager de Dieu n'a pas souhaité voir les musulmans jeûner continuellement et a fait savoir que ceux qui pratiquaient cela ne seraient pas considérés comme jeûnant.[71]

C. Le Jeûne du Jour du Doute (Veille du Ramadan)

Le jour du Doute est le 30ème jour du mois de Chaban (celui qui précède le début présumé de Ramadan). Le Messager de Dieu a interdit que ce jour soit passé à jeûner. Les sages raisons en sont probablement: le souhait que les musulmans entament le Ramadan en étant en pleine forme, permettre une recherche poussée du commencement et de la fin des actes d'adoration et qu'ils agissent en fonction de cela, faire de cela une coutume, la possibilité que le début du Ramadan change, etc. À ce propos, on lit les hadiths suivants: «Quiconque jeûne le jour du Doute se sera opposé à Abou al-Kâssim (le Prophète)»[72]; «Qu'aucun d'entre vous ne jeûne un ou deux jours avant le Ramadan, sauf s'il a déjà l'habitude de jeûner un tel jour ».[73] Dans le second hadith, l'on comprend qu'il n'y pas de mal à jeûner le jour du Doute si l'on avait l'habitude de pratiquer un jeûne surérogatoire en ce jour.

---

[71] Bukhari, Sawm, 57; Muslim, Siyam, 186; Nasai, Siyam, 71; Ibn Maja, Siyam 28.

[72] Bukhari, Sawm, 11; Tirmidhi, Sawm, 3; Nasai, Siyam, 37.

[73] Bukhari, Sawm, 14; Muslim, Siyam, 21; Tirmidhi, Sawm, 2; Nasai, Siyam, 31.

D. Le Jeûne des Jours de Fête et de Tachriq

Il est interdit de jeûner le 1er jour de la Fête du Ramadan (*Aïd al-Fitr*) et de la Fête du Sacrifice (*Aïd al-Adha*). Il est aussi interdit de jeûner pendant les 3 jours qui suivent l'Aïd al-Adha, c'est-à-dire les jours de Tachriq. Les jours de fête sont pour les musulmans des jours où ils mangent, boivent, célèbrent la fête avec leurs frères, et s'assoient avec eux à la même table. Durant ces jours, le musulman ne doit pas jeûner et doit au contraire essayer de partager les même choses avec ses frères et sœurs en islam. C'est pour cela que le Messager de Dieu a défendu de jeûner en ces jours-là et a fait savoir que ces jours étaient comme des banquets offerts par Dieu aux êtres humains. Oukba b. Amr rapporte: «Le jour de Arafat, le jour de la Fête du Sacrifice et les jours de Tachriq sont pour nous musulmans jours de fête. Ces jours sont faits pour manger, boire et évoquer le Nom de Dieu.»[74] Aussi Abou Saîd el-Khoudri rapporte-t-il: «Le Messager de Dieu a interdit de jeûner en ces deux jours: les Fêtes du Ramadan et du Sacrifice.»[75]

E. Le Jeûne Pratiqué Seulement le Vendredi

Le vendredi est le jour de fête des musulmans. Jeûner tout spécialement ce jour-là serait désobéir au Prophète qui a dit: «Parmi les nuits, ne distinguez pas seulement la nuit précédant le vendredi pour l'adoration, et parmi les jours, ne distinguez pas seulement le vendredi pour le jeûne; excepté celui qui a coutume de jeûner en ce jour.»[76]

F. Le Jeûne Des Femmes en Menstrues ou en Lochies

Les femmes ayant leurs règles ou leurs lochies (après un accouchement) sont exemptes de certains actes d'adoration. Dans de tels cas, elles ne doivent ni prier ni jeûner. Si ces moments surviennent pendant le Ramadan, elles devront rattraper plus tard le nombre de

---

74 Bukhari, Eidain, 25; Abu Dawud, Sawm, 49; Tirmidhi, Sawm, 58.

75 Bukhari, Adaahi, 16; Muslim, Siyam, 141; Abu Dawud, Sawm, 48; Ibn Maja, Siyam, 36.

76 Muslim, Siyam, 148; Abu Dawud, Sawm, 50; Tirmidhi, Sawm, 41.

jours où elles n'ont pas pu jeûner. Dans un hadith, Mouadh ibn Jabal dit: «J'ai demandé à Aïcha pourquoi une femme indisposée devait seulement rattraper le jeûne, et non pas aussi la prière prescrite. Elle répondit: 'Quand nous étions avec le Messager de Dieu et que nous avions nos menstrues, il ne nous demandait de rattraper que notre jeûne, et ne disait rien concernant la prière prescrite.»[77]

QUELLE IMPORTANCE A LE SOHOUR ?

A. Peut-On Jeûner Sans Se Lever Pour Le Sohour ?

Le sohour est le nom donné au petit déjeuner pris entre le milieu de la nuit et le début de l'aurore, avant le commencement du jeûne. Le Messager de Dieu a conseillé de se lever pour le sohour pour manger – même si cela ne doit être que pour une bouchée – car la bénédiction est dans le sohour, et il nous a appris que les anges priaient Dieu pour ceux qui se levaient au sohour. Abou Saîd el-Khoudri rapporte que le Prophète a dit: «Il y a la bénédiction (*barakah*) dans le sohour. Ne serait-ce que pour boire une gorgée d'eau, ne l'abandonnez pas, car Dieu et les anges prient pour ceux qui se lèvent pour le sohour.»[78]

Le sohour signifie pour les croyants de se lever, d'être éveillé avant le point du jour. Ces instants sont les plus bénis et les plus productifs de la journée. Cette bénédiction peut avoir plusieurs aspects: se conformer à la Sounna du Prophète et prendre des forces pendant le sohour pour pouvoir ensuite jeûner et accomplir les autres actes d'adoration. Le croyant qui s'apprête à jeûner prie et se souvient de Dieu, se préparant ainsi psychologiquement au jeûne. Le sohour est le moment idéal où les supplications, les prières et les récitations coraniques parviennent au Tout-Puissant.

B. Retarder le Sohour

L'un des points auquel doit faire attention le jeûneur est de retarder le plus possible le moment du sohour. Il y a dans cette remise au

---

77 Abu Dawud, Taharah, 104; Nasai, Hayd, 17; Ahmad Ibn Hanbal, Musnad, 6/32.
78 Ahmad Ibn Hanbal, Musnad, 3/12, 32, 44, 99.

dernier moment l'affection et la miséricorde du Prophète, car certains sont d'une nature fragile, et la faim prolongée pourrait les faire trop souffrir. Ainsi, le sohour reporté aux derniers instants permet de raccourcir un tant soit peu la durée du jeûne. D'autre part, le fait de se lever au sohour au début de la nuit ou un peu plus tard risque de faire manquer la prière de l'aube. Mais lorsque le repas du sohour est pris vers la fin de la période permise, c'est-à-dire peu de temps avant la prière de l'aube, il y a beaucoup moins de risque de la manquer. À ce sujet, notre Prophète a dit: «Tant que ma *oumma* (communauté) se hâtera de rompre le jeûne et s'attardera pour le sohour, elle sera sur la voie du bien.»[79]

QUELS SONT LES ENSEIGNEMENTS PROPHÉTIQUES CONCERNANT L'IFTAR ?

A. Se Hâter de Rompre le Jeûne

Il est *sounna* – c'est-à-dire qu'il est conforme à l'exemple donné par le Prophète – de rompre le jeûne aussitôt que le soleil s'est couché et que l'appel à la prière du soir (*maghrib*) a commencé. Bien que la période de temps assignée à la prière du soir soit très limitée et que par conséquent il convient de faire cette prière au plus tôt, le Messager de Dieu rompait d'abord son jeûne, et priait seulement ensuite. Encore une fois, il y a dans cet empressement à rompre le jeûne, de la tendresse et de la compassion pour les êtres humains. Faire souffrir les gens en retardant la rupture du jeûne alors qu'ils n'ont rien mangé depuis le petit matin et que l'heure de rupture a sonné serait contraire à l'esprit de profonde compassion de l'islam. C'est pour cela que notre saint Prophète a encouragé les croyants à rompre leur jeûne au plus vite, même avant d'accomplir la prière prescrite qui est pourtant ce à quoi il tient par-dessus tout. Dans l'un de ses hadiths, il dit: «Tant que les gens se hâteront de rompre le jeûne, ils seront sur la voie du bien.»[80]

---

[79] Abu Dawud, Sawm, 21; Ahmad Ibn Hanbal, Musnad, 2/450.

[80] Bukhari, Sawm, 45; Muslim, Siyam 48; Tirmidhi, Sawm, 13; Ibn Maja, Siyam, 24; Darimi, Sawm, 11.

B. Rupture du Jeûne Avec de L'eau ou des Dattes

Il est *sounna* de rompre le jeûne avec de l'eau ou des dattes. Le Messager de Dieu rompait son jeûne avec des dattes s'il y en avait, sinon avec de l'eau. Et plus tard, il faisait sa prière du soir. Selon le Compagnon Anas ibn Malik: «Avant de prier, le Messager de Dieu rompait son jeûne avec quelques dattes fraîches. S'il ne trouvait pas de datte fraîche, il mangeait des dattes sèches. S'il n'y en avait pas non plus, il rompait alors son jeûne avec quelques gorgées d'eau.»[81] Selon Suleyman b. Amir, le Messager de Dieu a donné les conseils suivants: «Si l'un de vous jeûne, qu'il rompe son jeûne avec des dattes. S'il n'en trouve pas, qu'il le rompe avec de l'eau, car l'eau est très purificatrice.»[82]

C. La Supplication au Moment de la Rupture du Jeûne

Il existe des personnes dont les supplications (*du'a*) sont acceptées, les prières exaucées. Parmi elles se trouvent celles qui ouvrent leurs mains à Dieu pour L'implorer au moment de l'*iftar* (rupture du jeûne). En effet, notre Prophète a dit: «Il y a trois personnes dont les prières ne sont pas rejetées: la prière du jeûneur lors de l'*iftar*, la prière du dirigeant juste et la prière de l'opprimé.»[83] Voici la prière récitée par le Prophète au moment de l'*iftar*: «O mon Dieu, j'ai jeûné pour Toi, et j'ai rompu mon jeûne avec la nourriture que Tu as donnée. La soif est partie, les veines sont à nouveau humides. Si Dieu le veut, la récompense est aussi établie.»[84]

D. Le Mérite D'offrir le Repas de Rupture du Jeûne ?

Le fait de partager avec autrui le repas de l'*iftar* est une bonne œuvre, ainsi qu'une tradition à ne pas délaisser. Notre saint Prophète a dit: «A celui qui offre le repas de l'*iftar* à un jeûneur, il y a pour lui autant de récompenses que pour le jeûneur, sans que ce dernier ne

---

81 Abu Dawud, Sawm, 21; Tirmidhi, Sawm, 10; Ahmad Ibn Hanbal, Musnad, 3/164.

82 Abu Dawud, Sawm, 21; Tirmidhi, Sawm, 10; Ibn Maja, Siyam, 25; Darimi, Sawm, 12.

83 Tirmidhi, Da'awat, 128, 130.

84 Abu Dawud, Sawm, 22.

perde rien de sa récompense.»[85] Celui qui arrive au terme de son jeûne se réjouit beaucoup au moment de l'*iftar*. Lui, sur le point de goûter à la récompense du jeûne qu'il vient d'accomplir, goûtera à la plus grande joie le Jour Dernier, quand il rencontrera Dieu.[86] Le Prophète a dit: «Le jeûneur a deux joies: la première est quand il rompt le jeûne, la seconde quand il rencontrera Dieu.»[87]

Si quelqu'un offre une datte ou une olive à un passant qui jeûne, il aura le mérite d'avoir offert l'*iftar* à un jeûneur. Nourrir autrui est une faveur divine. Nourrir celui qui endure la faim et la soif pour Dieu est une action bénie. Il est d'ailleurs rapporté que tant que l'invité est à table, les anges prient pour l'hôte.

Le Jour du Jugement, Dieu le Très Haut dira à un tel: «Pourquoi ne M'as-tu pas donné à manger?» Et celui-là répondra: «Tu es le Seigneur de l'univers. Comment aurais-je pu Te donner à manger?» Dieu répondra: «Tu n'as pas nourri l'un de tes amis qui avait faim. Si tu l'avais nourri, tu en aurais reçu la récompense auprès de Moi.»[88] Il y a de ces palais dans le Paradis qui ne sont destinés qu'à ceux qui parlent avec douceur, qui offrent à manger aux autres et qui prient tandis que tout le monde dort.

Il est plus méritoire d'offrir à manger à ses amis et ses proches que de donner l'aumône. Le Compagnon Ali souligne l'importance de cet acte: «Le pain que j'offre à manger à mes amis est plus précieux que les cinq pains que j'offre aux pauvres. Le repas partagé avec les amis est plus acceptable pour Dieu que la libération d'un esclave.»

EST-IL PRÉFÉRABLE DE COMMENCER PAR ROMPRE LE JEÛNE OU PAR FAIRE LA PRIÈRE DU SOIR ?

Dès que l'on est sûr que le soleil s'est couché et que l'heure de la prière du soir (*maghrib*) est arrivée, il faut d'abord manger des dattes ou boire de l'eau, puis prier.

---

85 Tirmidhi, Sawm, 82; Ibn Maja, Siyam, 45.

86 Munziri, al-Targhib wal-Tarhib, 2/144.

87 Bukhari,Tawhid 35; Muslim, Siyam, 152; Tirmidhi, Sawm, 54; Nasai, Siyam, 41; Ibn Maja, Siyam, 1.

88 Muslim, Birr wa Sila, 43.

Il est aussi convenable de manger rapidement, puis de prier. Mais en général, comme le repas de l'*iftar* se compose d'une grande variété de mets savoureux, la prière du soir risque d'être retardée. Et puisqu'il est recommandé d'accomplir la prière au début de l'intervalle de temps qui lui est assigné, il vaut mieux seulement rompre le jeûne et prier juste après.

Par ailleurs, il y a un avis selon lequel il est détestable (*makrouh*) d'aller prier tandis que le repas est servi, car le jeûneur risque alors de perdre sa concentration et de penser au repas pendant la prière. Si prendre le repas ne risque pas de retarder trop la prière, cette voie est aussi envisageable. Or, comme nous l'avons montré plus haut, il est préférable d'agir dans le sens des conseils du Prophète, c'est-à-dire de rompre son jeûne quand retentit l'appel à la prière, puis de prier, et enfin de prendre le repas. C'est ainsi que nous aurons à la fois rompu le jeûne et prié le plus tôt possible, à l'exemple du Prophète.

QUELLES PRIÈRES RÉCITER LORS DE LA RUPTURE DU JEÛNE ?

Il relève de la Sounna du Prophète de prier lors de l'*iftar*. Il y a plusieurs prières de rupture du jeûne. Les plus connues sont les suivantes:

> *Allahumma laka sumtu wa bika âmantu wa 'alayka tawakkaltu wa 'alâ rizqika aftartu*
>
> dont le sens est: «O mon Dieu, j'ai jeûné uniquement pour Toi. J'ai cru en Toi. Je m'en suis remis à Toi, je T'ai fait confiance. Et je romps mon jeûne avec la nourriture que Tu m'as donnée.»

«Que les jeûneurs qui vous entourent mangent l'*iftar* chez vous, que les gens pieux partagent votre repas et jouissent de votre hospitalité, et que les anges prient pour vous!»

QUE SIGNIFIE LA PRIÈRE DU *TARAWIH* ET QUELLE EST SON IMPORTANCE ?

Le mot *tarawih* est le pluriel du mot arabe *tarwîha* qui veut dire «détendre ou reposer». Cette prière est spécifique au mois de Ramadan.

On a d'abord appelé *tarwîha* le moment où l'on s'asseoit à la fin de chaque 4 rakat de prière Sounna, après la prière de la nuit (*'ichâ*). Plus tard, le pluriel de ce mot, c'est-à-dire *tarawih*, a été employé pour désigner la prière surérogatoire accomplie pendant les nuits du Ramadan.

Le Prophète a encouragé ses Compagnons à accomplir les tarawih en disant: «Quiconque fait la prière du Ramadan (tarawih) avec une foi sincère et en attendant sa récompense de Dieu, tous ses péchés passés seront pardonnés.»[89]

Le hadith qui révèle la pratique prophétique concernant le tarawih est le suivant: «Le Prophète avait une cellule en osier près de Masjid an-Nabawi où il se retirait (*itikaf*) durant le Ramadan. Pendant quelques nuits (deux ou trois selon Aïcha) des 10 derniers jours du Ramadan, il sortit de cette cellule pour prier en commun la prière de la nuit (*'ichâ*) et de tarawih. Voyant l'enthousiasme de ses Compagnons, il dirigea la prière de la nuit (*'ichâ*) puis se retira dans sa cellule sans en ressortir pour prier les tarawih. Pensant que le Prophète allait ressortir, les gens l'attendirent et se mirent même à tousser afin de le réveiller au cas où il se serait endormi. Le Prophète sortit au moment de la prière du matin et s'adressa ainsi à ceux qui l'attendaient: «Je suis conscient de votre désir de prier les tarawih. Il n'y a rien qui m'empêche de diriger pour vous cette prière. Mais je ne suis pas sorti pour la diriger de crainte que cette prière ne vous soit rendue obligatoire et que vous ne puissiez pas l'accomplir comme il se doit. Allez, rentrez chez vous. En dehors des prières obligatoires, la prière la plus méritoire est celle accomplie à la maison.»[90]

La prière de tarawih était pratiquée par le Prophète comme un exemple d'acte d'adoration devant être appliqué par tous les croyants. Cette prière est de 20 rakat. Elle est effectuée après la prière de la nuit et avant la prière du *witr*. Le tarawih se prie en rendant 10 saluts (*salam*) et en faisant 5 repos (*tarwîha*). C'est-à-dire qu'on prie en rendant le salut après tous les 2 rakat et en se reposant tous les

---

[89] Bukhari, Salat al-tarawih, 1, Hadith numéro 2008; Muslim, Salat al-musafirun, 174.

[90] Bukhari, Salat al-tarawih, 1, Hadith numéro 2012; Muslim, Salat al-musafirun, 178.

4 rakat. On peut aussi prier en saluant après toutes les 4 rakat. Après la 5ème tarwîha, on prie le witr en commun.

D'autre part, notre Prophète nous a fait connaître l'importance de la prière des tarawih et sa qualité de sounna: «Dieu vous a rendu obligatoire le jeûne pendant le mois de Ramadan. Et moi je vous ai encouragé à veiller et à prier les tarawih, comme étant de ma sounna, pendant les nuits du Ramadan. Quiconque jeûne avec sincérité en croyant, en attendant sa récompense de Dieu et en veillant (en priant les tarawih), sera purifié de ses péchés et deviendra aussi pur que l'enfant qui vient de naître.»[91] Imam Nawawi, un grand savant de la jurisprudence islamique, a souligné que la prière de tarawih est une tradition prophétique, comme l'a conclu le consensus des savants (*ijma*).[92]

Comme susmentionné, selon une narration de Aïcha, le Prophète a dirigé la prière de tarawih pendant plusieurs nuits du Ramadan, puis, craignant que cela ne devînt obligatoire, cessa cela, mais il est clair qu'il encouragea ses Compagnons à prier les tarawih.

Le grand Compagnon Omar ibn al-Khattab rassembla les Compagnons pour leur faire prier les tarawih de 20 rakat sous la direction de Oubey b. Kaab. Là-dessus, aucun Compagnon n'émit d'objection. Cela montre qu'ils avaient quelque connaissance à ce sujet. D'ailleurs, Imam Azham, en attirant l'attention sur ce point, déclara que Omar n'avait pas inventé cette pratique, que ce n'était donc pas une *bidaa* (innovation religieuse), et qu'au contraire il avait appris cela du Prophète.[93] Le fait que les Compagnons aient ainsi apprécié et soutenu ce qu'a fait Omar montre qu'ils étaient d'un commun avis à ce sujet. Ce qui soutient cet accord est l'action du Prophète. Et le fait qu'ils soient tous d'accord sur ce sujet est comme une preuve religieuse. Sur accord commun et pratique des Compagnons, les tarawih ont été exécutés en 20 rakat, même plus tard au temps des califes Othman et Ali, et jusqu'à aujourd'hui.[94]

---

[91] Nasai, Siyam, 40; Ibn Maja, Ikama, 173; Ahmad ibn Hanbal, Musnad, 1/191.

[92] Nawawi, Macmu, IV/37.

[93] Le calife Omar avait nommé Oubey ibn Kaab pour diriger la prière en commun, car Oubey ibn Kaab avait dirigé les tarawih en commun à l'époque du Prophète.

[94] al-Mawsuat al-Fikhiyya, 27/141; Ayni, al-Binaya, 2/660.

EST-CE QUE JEÛNER EST UNIQUEMENT S'ABSTENIR DE MANGER ET DE BOIRE ?

Le jeûneur doit fermer ses portes à toutes sortes de maux, sans jamais leur laisser d'issue libre. Par conséquent, jeûner, ce n'est pas seulement vivre la faim et la soif. L'homme, tout particulièrement le jeûneur, doit protéger tous ses membres du péché, et doit être aussi attentif que s'il se promenait sur un terrain miné. En bref, il doit se mettre derrière un bouclier pour protéger entre autres ses mains, ses pieds, ses oreilles et sa tête des flèches de Satan, et ne doit pas se laisser influencer par elles.

QU'EST-CE QUE LE JEÛNE DES YEUX ?

L'œil est l'un des organes les plus précieux que Dieu nous ait donné. Ce sont les yeux qui permettent à l'homme de voir, de contempler, de méditer et d'être en contact avec le monde extérieur. Les yeux sont les canaux de perception du cœur et du cerveau, ainsi que les fenêtres qui ouvrent sur l'âme et le cœur. L'homme, surtout quand il jeûne, doit protéger ses yeux des regards défendus, qui sont comme des flèches empoisonnées qui peuvent pénétrer le cœur. Le Prophète a dit à ce sujet: «Les regards illicites sont l'une des flèches du Diable banni. Quiconque abandonne cela par crainte de Dieu, Dieu offrira à ce serviteur une foi telle qu'il pourra jouir de sa douceur dans son cœur.»[95]

QU'EST-CE QUE LE JEÛNE DE LA LANGUE ?

Il s'agit de maîtriser sa langue en l'empêchant de mentir, de médire, de dire des choses illicites, de raconter les défauts d'autrui, de se disputer et de gronder. En même temps, c'est aussi l'occuper avec la récitation du Coran, des prières quotidiennes et la lecture des ouvrages qui rappellent l'au-delà et qui poussent à la contemplation méditative. Le jeûneur ne sèmera pas le vacarme et la dispute, il ne répondra pas à celui qui l'insulte, et ne s'engagera dans aucune attitude

---

[95] Hakim, Mustadrak, 4/314.

malséante. Si quiconque s'en prend à lui, il ne doit pas rendre la pareille et doit se contenter de dire qu'il jeûne et qu'il ne se mêlera pas de tout cela. En effet, le Messager de Dieu a dit:

«Le jeûne est un bouclier pour le croyant. Par conséquent, quand l'un de vous jeûne, qu'il ne commette pas d'acte d'indécence ou d'ignorance. Si jamais quelqu'un vient à l'insulter ou à le molester, qu'il dise: 'Je jeûne'.»[96]

Quiconque, tandis qu'il jeûne, se laisse aller à la médisance, ne contrôle pas sa langue et se contente de ne rien laisser entrer dans son estomac, se verra privé des récompenses provenant du jeûne. Il n'en retirera que de la faim et de la soif, comme l'exprime si bien le Prophète: «Dieu n'a nul besoin de ce qu'une personne arrête de manger et de boire tandis qu'elle continue à mentir et à agir en fonction de paroles mensongères.»[97]; «Il y a tant de jeûneurs qui ne gagnent de leur jeûne que la faim et la soif. Il y a tant d'individus qui se lèvent la nuit pour faire des prières surérogatoires, mais qui n'y gagnent rien de plus que le manque de sommeil.[98]

QU'EST-CE QUE LE JEÛNE DE L'OREILLE ?

Le croyant doit également protéger ce précieux don de Dieu qu'est l'oreille des choses comme les mensonges, les médisances et les commérages, et doit s'éloigner des lieux où ces choses sont proférées. En effet, il est tout aussi vil de parler en mal que d'écouter le mal. Le Coran affirme combien est laid le comportement de celui qui écoute les mensonges et autres choses similaires: *Ils sont attentifs au mensonge et voraces de gains illicites*. (5/42)

QUELS SONT LES DEGRÉS DU JEÛNE ?

Les savants islamiques ont distingué trois niveaux de jeûne:

1. Le jeûne accompli en s'abstenant du matin au soir de manger, de boire et d'avoir des rapports intimes. Parce que ses

---

96 Bukhari, Sawm, 2; Muslim, Siyam, 161; Abu Dawud, Sawm, 25; Tirmidhi, Sawm, 54.
97 Bukhari, Sawm, 8; Abu Dawud, Sawm, 25; Tirmidhi, Sawm, 16; Ibn Maja, Siyam, 21.
98 Ibn Maja, Siyam 21.

conditions de base sont remplies, ce jeûne est jugé authentique. Toutefois, si le jeûneur veut atteindre le but du jeûne, il doit s'élever au deuxième degré.

2. En plus de remplir les conditions mentionnées dans le premier degré, le jeûneur du deuxième degré protège ses oreilles, ses yeux, sa langue, ses mains, ses pieds et ses autres organes du péché. C'est ce jeûne qui est acceptable aux yeux de Dieu, car il laisse un impact positif sur les organes du jeûneur et lui fait gagner des vertus morales. Ce faisant, le jeûneur du deuxième degré atteint l'objectif du jeûne.
3. En plus de remplir les conditions des premier et deuxième degrés, le jeûneur du troisième degré ne laisse place à rien d'autre qu'à Dieu dans son cœur. Tel est le plus haut degré que l'on puisse obtenir par le jeûne. Aussi ce jeûne est-il celui pratiqué par les Prophètes et les nobles serviteurs de Dieu.

Le jeûneur apprend d'abord à être maître de sa volonté et de ses désirs en s'abstenant pendant un certain temps de nourritures, de boissons et de désirs sexuels licites. Le croyant qui parvient grâce à cette éducation de la volonté à éloigner ses organes de toutes sortes de maux, finit par purifier son cœur et ressembler à un ange. Plus il s'éloignera des liens matériels et des passions éphémères, plus il se rapprochera du sommet de la servitude et ainsi de Dieu Lui-même.[99]

QUEL EST LE JEÛNE LE PLUS COMPLET ?

Le jeûne n'est pas seulement l'abandon de l'alimentation pour un temps, mais aussi l'éloignement de toutes sortes de maux. De même que l'on se tient à l'écart de toute alimentation licite (*halal*), ainsi l'on doit protéger

- notre langue du mensonge,
- nos mains des actes illicites,
- notre estomac des nourritures obtenues illicitement,

[99] Ghazali, Ihyau Ulum al-Din, 2/19.

- nos yeux de regarder les choses illicites,
- nos oreilles d'écouter mensonges et médisances,
- et nos pieds de courir après les mauvaises activités.

C'est de cette manière que le jeûneur reçoit son lot du jeûne, et cela doit continuer pendant toute sa vie. Le jeûneur, assis à la table de l'*iftar*, servie de différents mets savoureux, ne touchera à aucun de ces mets licites, ne serait-ce qu'une minute avant le moment de l'*iftar*. Même s'il a très faim et très soif, il attendra patiemment l'*iftar*. Cela n'est pas une attente forcée, c'est une attente sereine, sincère et pleine d'espoir.

Cette soumission que le croyant montre face à un commandement divin est un résultat très positif de l'éducation du moi charnel et de la maîtrise de la volonté. C'est une véritable éducation qui sauve l'être humain de l'emprise de ses désirs charnels et en fait quasiment un ange.

A propos du croyant qui suit une telle formation:

- comment pourrait-il toucher à l'illicite alors qu'il ne touche même pas au licite?
- comment pourrait-il ne pas abandonner l'alcool et d'autres mauvaises habitudes alors qu'il arrive à se priver d'eau quand il a très soif?
- comment pourrait-il s'égarer dans les chemins illicites et commettre adultère et fornication alors qu'il arrive à se passer de rapports sexuels licites?

L'objectif du jeûne est atteint dès lors que ses effets positifs se reflètent dans tous les aspects de notre vie.

FAUT-IL LIRE DAVANTAGE LE CORAN QUAND ON JEÛNE ?

Le Coran, qui est la source de guidée des croyants, est un livre qu'il faut toujours méditer. Le croyant a besoin du Coran autant qu'il a besoin d'air, d'eau et de pain. Le Prophète a passé toute sa vie à attirer l'attention des gens sur le Coran. Il le récitait sans cesse et parfois même aimait à l'écouter de ses Compagnons. Quand il jeûnait, surtout pendant le Ramadan, il s'attachait encore plus au Coran et le récitait davantage. Les croyants aussi, en tant que communauté du Prophète, surtout pendant le Ramadan, doivent être constamment en rapport avec le Coran et s'illuminer de son atmosphère radieuse.

La lecture du Coran est autrement importante pendant le Ramadan. Le Messager de Dieu récitait et méditait plus le Coran pendant le Ramadan, car Dieu l'a révélé en ce mois. Lors de chaque nuit du Ramadan, le Prophète et l'archange Gabriel récitaient le Coran. Et pendant chaque Ramadan, ils le récitaient tour à tour du début jusqu'à la fin pour le vérifier. Cela était arrivé deux fois l'année où le Prophète mourut.

Selon un hadith rapporté par Ibn Abbas:

«Le Messager de Dieu était le plus généreux parmi les êtres humains. Il l'était plus encore quand il rencontrait l'archange Gabriel pendant chaque nuit du Ramadan pour réciter avec lui le saint Coran. Lorsque Gabriel rencontrait le Prophète, celui-ci se montrait plus généreux que le vent porteur de pluie.»[100]

[100] Bukhari, Bad al-Wahy 5, 6; Sawm 7; Manaqib 23; Muslim, Fadail 48, 50.

Chapitre 4

Certaines Règles Concernant le Jeûne

CERTAINES RÈGLES CONCERNANT LE JEÛNE

POUR QUI LE JEÛNE EST-IL OBLIGATOIRE ?

Le jeûne du Ramadan est obligatoire pour tous les musulmans, hommes ou femmes, qui remplissent les conditions suivantes:

1. ***Être musulman:*** pour que le jeûne soit jugé obligatoire pour une personne, il faut que celle-ci ait embrassé l'islam. L'on n'a pas le droit de forcer un non-musulman à jeûner.
2. ***Être pubère et sain d'esprit:*** Les enfants et toutes les personnes qui n'ont pas toute leur raison sont exempts de la pratique du jeûne et des autres actes d'adoration. Le Messager de Dieu nous a ainsi exposé ce sujet: «Trois personnes sont exemptes de toute responsabilité: l'enfant jusqu'à ce qu'il atteigne l'âge de la puberté, l'aliéné jusqu'à ce qu'il recouvre la raison, et le dormeur jusqu'à ce qu'il se réveille.»[101]
3. ***Ne pas être en voyage et avoir la force de jeûner:*** Ceux qui n'ont pas la possibilité physique de jeûner, qui sont malades ou voyageurs, ne sont pas tenus de jeûner. L'infinie compassion et miséricorde de Dieu a levé la responsabilité du jeûne des gens qui voyagent ou qui sont malades. Toutefois, si ces personnes jeûnent quand même, leur jeûne est valide et accepté. Mais s'ils emploient cette permission qui leur est donnée de ne pas jeûner, ils devront rattraper le nombres de jours qu'ils n'ont pas jeûné une fois que la maladie ou le voyage est terminé après le mois de Ramadan. Le saint Coran

---

[101] Abu Dawud, Hudud 17; Tirmidhi, Hudud; Ibn Maja, Talaq 15; Ahmad Ibn Hanbal, Musnad, 6/100, 101, 144.

déclare à ce sujet: *O les croyants! On vous a prescrit le jeûne comme on l'a prescrit à ceux d'avant vous, ainsi atteindrez-vous la piété, pendant un nombre déterminé de jours. Quiconque d'entre vous est malade ou en voyage, devra jeûner un nombre égal d'autres jours. Mais pour ceux qui ne pourraient le supporter (qu'avec grande difficulté), il y a une compensation: nourrir un pauvre. Et si quelqu'un fait plus de son propre gré, c'est pour lui; mais il est mieux pour vous de jeûner; si vous saviez!* (2/183-184)

QUELLES SONT LES SITUATIONS OÙ LE JEÛNE N'EST PAS OBLIGATOIRE ?

Comme nous l'avons vu plus haut, l'obligation de jeûner dépend de certains critères. Ainsi, les gens qui font partie de l'une des catégories suivantes ne sont pas tenus responsables de l'accomplissement du jeûne du Ramadan:

a. ***Le voyage:*** l'islam ne charge jamais les gens d'une responsabilité qu'ils ne pourraient pas assumer. Les ordres sont donnés en fonction des forces de l'être humain. Le voyage est une situation où l'on rencontre parfois des difficultés, et le musulman peut donc avoir du mal à jeûner dans ce cas-là. C'est pour cela que le Tout-Miséricordieux a permis aux voyageurs de ne pas jeûner. Ils doivent néanmoins rattraper leurs jeûnes – un jeûne de rattrapage pour chaque jour de jeûne manqué – quand le voyage prend fin après Ramadan. Cependant, ceux qui le souhaitent peuvent quand même jeûner tandis qu'ils voyagent; leur jeûne est valide.

b. ***La maladie:*** Le Créateur a exempté de l'obligation du jeûne les personnes qui sont malades au point de ne pas pouvoir jeûner. Ces derniers devront plus tard, quand ils iront mieux, rattraper les jours de jeûne manqués – un jeûne de rattrapage pour chaque jour de jeûne manqué après Ramadan.

   Ici, il convient de bien définir ce qu'est la maladie: c'est le fait que les fonctions vitales de l'homme se soient déréglées ou que l'organisme ne réponde pas aux signaux extérieurs. La maladie peut être aussi bien un état très grave qui nécessite un traitement médical, qu'un simple malaise. L'islam a laissé au *Tabib al-Muslim al-Hâzhik* (médecin spécialisé qui est musulman) le soin de faire cette distinction afin de déterminer si oui ou non la personne en question doit jeûner. Naturellement, décider de ne pas jeûner après avoir demandé l'avis de n'importe qui engage une lourde responsabilité vis-à-vis de Dieu.

c. ***La grossesse et l'allaitement:*** les femmes enceintes ou qui allaitent leur enfant ont le droit de ne pas jeûner afin de ne pas nuire à leur santé ou à celle de l'enfant. Ces personnes devront rattraper leur jeûne, jour pour jour, quand elles seront en mesure de le faire. Les femmes qui ont leurs menstrues doivent cesser de jeûner et rattraper elles aussi leur jeûne plus tard après Ramadan, jour pour jour.

d. ***La vieillesse:*** l'islam exempt du jeûne les gens qui sont trop âgés et faibles pour pouvoir jeûner, et leur demande en compensation de nourrir un pauvre en échange de chaque jour où ils n'ont pas pu jeûner, ou de donner l'équivalent en argent d'un repas complet moyen par jour.

e. ***La faim et la soif extrêmes:*** si un jeûneur craint sérieusement que s'il fait face à la faim et à la soif extrêmes, le jeûne aura un effet très grave sur sa santé physique et mentale, il est alors lui aussi exempt du jeûne. Lorsqu'il recouvrira sa santé, il devra rattraper son jeûne jour pour jour après Ramadan.

f. ***La contrainte (ikrah):*** c'est le fait d'être forcé à ne pas jeûner. Si quelqu'un menace le jeûneur de le tuer ou de lui couper un membre s'il ne rompt pas son jeûne et qu'il a les moyens de réaliser sa menace, alors il est autorisé au jeûneur de rompre son jeûne.

EST-CE QUE TOUTE PERSONNE MALADE EST EXEMPTE DU JEÛNE ?

L'on peut résumer comme suit les maladies qui autorisent, voire nécessitent de ne pas jeûner:

1. Le malade incurable, celui dont la maladie nécessite une opération chirurgicale et tous les malades qui sont obligés de se nourrir. Sont compris dans ce groupe toutes les catégories de cancer et d'opérations chirurgicales.
2. Tous ceux qui souffrent de maladies graves telles que les maladies cardio-vasculaires, rénales, pulmonaires et le diabète, qui nécessitent une prise de médicaments régulière.
3. Tous ceux qui doivent prendre régulièrement des médicaments en raison de maladies comme l'ulcère qui provoquent des douleurs insupportables.
4. Tous ceux qui ont une maladie, comme la tuberculose et autres maladies fiévreuses, dont ils craignent qu'elle ne s'aggrave ou que leur santé ne se détériore s'ils se mettent à jeûner.
5. Les malades mentaux ne sont pas considérés comme responsables de leurs actes et ne doivent donc payer aucune compensation pour le jeûne qu'ils ne font pas. Mais les vieillards très affaiblis qui sont aussi exempts du jeûne doivent payer cette somme à un pauvre pour chaque jour de jeûne manqué.

Parmi ces différents malades, certains guériront et devront donc rattraper leur jeûne manqué après avoir consulté un médecin. Quant à ceux qui n'ont guère de chances d'aller mieux, ils ne pourront pas souvent jeûner durant leur vie et devront donc payer la somme compensatrice aux pauvres.

Nombre de chercheurs en médecine ont exposé que le jeûne était bénéfique pour beaucoup de maladies. Le Messager de Dieu a dit: «Il y a une zakât pour tout. La zakât du corps est le jeûne.»[102] De même que celui qui paye la zakât, c'est-à-dire qui purifie ses biens de la souillure, les protège contre les dangers, de même celui qui jeûne protège son corps des maladies. Le Prophète a dit: «Jeûnez afin de recouvrer la santé!»[103]

D'aucuns souffrent de quelque malaise à l'estomac ou ailleurs et en font un prétexte pour ne pas jeûner. Le malade, qui n'est pas

---

[102] Ibn Maja, Siyam, 44.
[103] Daylami, Firdews, 2/393.

à même de juger si le jeûne va lui être nuisible, doit consulter un médecin compétent et digne de confiance. Si celui-ci, et non pas n'importe qui, dit: «Le jeûne te fera du mal», alors le croyant devra reporter son jeûne à plus tard.

En conformité avec la prescription du médecin, les malades qui utilisent des médicaments peuvent s'arranger de façon à les prendre pendant les repas du sohour et de l'iftar. Il existe très peu de maladies qui empêchent de jeûner. C'est pourquoi il ne faut pas s'arrêter de jeûner, sauf avis contraire d'un médecin musulman compétent et fiable. Au lieu de chercher des excuses pour ne pas jeûner, il vaut mieux chercher des moyens pour pouvoir jeûner.

QUAND ET COMMENT FAUT-IL PRONONCER L'INTENTION DE JEÛNER ?

L'une des conditions importantes du jeûne est l'intention (*niyyah*). Le jeûne sans intention n'est pas authentique. C'est pourquoi il importe de savoir quand et comment émettre l'intention de jeûner. Concernant le moment de l'intention, les jeûnes se divisent en deux groupes:

1. Les jeûnes dont l'intention peut être émise à partir du soir jusqu'au matin:[104]

Il s'agit des jeûnes du Ramadan, des jeûnes de vœu pratiqués en des jours prédéterminés, et des jeûnes surérogatoires.

Pour ces jeûnes, il est tout aussi possible d'émettre l'intention de jeûner la nuit, bien avant l'aurore, que le jour, durant la matinée; mais il est préférable de prononcer l'intention la nuit.

L'intention, ou vœu, de jeûner prononcée le matin n'est valide que si la personne n'a rien fait qui puisse rompre le jeûne (manger, boire, rapports intimes, etc.) Dans le cas contraire, l'intention faite durant le jour n'est plus valide.

2. Les jeûnes dont l'intention doit être émise avant l'aurore, pendant la nuit:

---

[104] L'intention doit être prononcée au plus tard environ 45 minutes après le lever du soleil.

Il s'agit des jeûnes de rattrapage du Ramadan, toutes les sortes de jeûnes expiatoires, le rattrapage des jeûnes surérogatoires que l'on a rompu, ainsi que les jeûnes que l'on a fait vœu d'accomplir mais sans indiquer de temps spécifique pour cela.

Parce qu'aucune date n'a été précisée pour tous ces jeûnes, leur intention doit être émise avant l'aurore, durant la nuit. Il ne faut jamais dire l'intention après l'aurore.

Pour le jeûne du Ramadan, on peut faire l'intention à partir du soir jusqu'au matin. Normalement, le moment de l'intention est à la suite du repas du sohour. Mais pour celui qui n'a pas pu se réveiller pour le sohour et qui s'est levé après le temps permis pour manger et boire, même si le soleil s'est levé, il a le droit de prononcer son intention de jeûner jusque 45 minutes après le lever du soleil. La seule condition préalable est que jusque là il ne fasse rien qui ne rompe son jeûne. Quant à celui qui ne veut pas se lever pour le sohour, il peut émettre son intention dès le soir; il n'a pas besoin de se lever la nuit pour cela.

En vérité, l'intention est quelque chose qui doit venir du cœur. Par exemple, la nuit, quiconque ressent dans son cœur l'intention de jeûner le lendemain est considéré comme ayant émis cette intention. Il en est de même pour celui qui se lève pour le sohour en vue de pouvoir ensuite jeûner; cela vaut aussi pour une intention. Pour le jeûne, il suffit d'avoir l'intention dans son cœur. Toutefois, il est préférable de prononcer aussi avec la langue ce que prononce déjà notre cœur. C'est pourquoi la personne qui s'apprête à jeûner doit plutôt émettre l'intention de jeûner à la fois dans son cœur et par sa langue, en disant: «Je fais vœu de jeûner demain, jour de Ramadan». Il faut renouveler cette intention pour chaque jour de jeûne du Ramadan.

QUELLES SONT LES CHOSES QUI N'INVALIDENT PAS LE JEÛNE ?

- Manger, boire, ou avoir des rapports intimes par oubli sont des choses qui n'invalident pas le jeûne. Il faut cependant que la personne qui vient de se rappeler qu'elle jeûnait cesse tout de suite ces activités.

Si l'on voit quelqu'un en train de boire ou de manger, et que cet individu est de constitution faible ou très âgé, il est préférable de ne pas lui rappeler son jeûne, car en réalité, ce dont il se nourrit est offert par Dieu, qui lui a fait oublier son jeûne par pitié pour sa faiblesse. Or si l'individu qui mange par oubli de son jeûne est fort et robuste, il convient alors de lui rappeler immédiatement qu'il doit jeûner.

- Avoir une pollution nocturne pendant le sommeil.
- Embrasser et caresser son épouse. Le jeûne n'est pas invalidé tant qu'il n'y a pas eu éjaculation.
- Ejaculer simplement en regardant ou en pensant à une femme, sans la toucher.
- Etre en état de *djunub* (avoir eu des rapports sexuels ou une pollution nocturne) et ne faire ses grandes ablutions (*ghousl*) qu'après le sohour, pendant le jeûne.
- Avaler la salive, ou la muqueuse venant des expectorations ou du nez.
- L'entrée d'eau dans les oreilles quand on se baigne ou que l'on nage.
- L'inhalation involontaire de fumée qui peut être agréable comme celle des cigarettes.
- L'entrée involontaire de poussière, d'une mouche, etc. dans la gorge. Si quelques gouttes de larmes ou de sueur viennent à entrer dans la bouche, cela n'invalide pas le jeûne. Mais s'il y en a assez pour que l'on en puisse ressentir le sel dans toute la bouche, ou qu'on l'avale sciemment tandis qu'on a conscience d'être jeûneur, alors le jeûne est invalidé.
- Avaler par mégarde quelque chose de plus petit qu'un pois chiche qui est resté entre les dents depuis le sohour. Si ce morceau de nourriture s'avère plus grand qu'un pois chiche, le jeûne est invalidé.
- Mâcher quelque chose de la taille d'une graine de sésame ou d'un grain de blé sans que son goût ne parvienne à la gorge.
- Se faire faire une prise de sang.

- Se maquiller les yeux au khôl.
- Tout ce qui est absorbé par les pores de la peau. Partant de là, les huiles et crèmes que l'on applique sur le corps sont licites, car elles pénètrent le corps par voie cutanée et non pas orale ou nasale.
- Tout médicament ou lotion thérapeutique appliqués sur les parties externes du corps, tant que cela ne pénètre pas à l'intérieur du corps.

LES VACCINS ET LES PIQÛRES INVALIDENT-ILS LE JEÛNE ?

Il existe deux catégories de voies et de canaux par lesquels une substance peut être introduite dans le corps humain:

1. Les canaux naturels et fondamentaux comme le nez, les oreilles et les voies d'évacuation. L'avis commun est que toute substance qui pénètre à l'intérieur du corps par l'un de ces orifices invalide le jeûne. Si la substance n'atteint pas les parties internes du corps, le jeûne reste valide.
2. Les voies et canaux secondaires qui apparaissent par exemple après un incident (blessure, coupure, etc.). L'avis général est que dès qu'il est certain qu'une substance est passée à l'intérieur du corps via ces voies, le jeûne est rompu. Toutefois, si cela n'est pas certain, selon Imam Abou Youssouf et Imam Abou Mohammed, le jeûne reste valide, mais selon Imam Abou Hanifa, il ne l'est pas.

Comme on le voit, le désaccord entre Abou Hanifa et ses deux disciples ne repose pas sur l'essence du sujet, mais sur la circonstance. Ils sont tous d'accord sur l'invalidité du jeûne lorsqu'il est absolument certain qu'une substance a pénétré à l'intérieur du corps. De même, si quelque chose comme une aiguille, une balle ou une flèche pénètre dans le corps et y disparaît complètement, le jeûne est invalidé. Mais si une partie de cet objet demeure à l'extérieur, le jeûne reste valide.

A la lumière de ces principes, l'on en déduit que les vaccins comme celui de la variole et autres injections qui se font sur la peau n'invalident pas le jeûne, car la peau fait partie de l'extérieur du corps et une partie de l'aiguille reste visible. Quant aux injections intraveineuses ou intramusculaires, elles ne rompent pas le jeûne car la partie arrière de l'aiguille reste toujours à l'extérieur du corps. Mais si de l'eau, un liquide similaire ou une quelconque substance médicamenteuse est injectée, le jeûne est alors invalidé. Par conséquent, les produits injectés dans les veines, dans la chair et sous la peau rompent le jeûne car ils s'infiltrent directement dans le sang et se répandent dans les organes. Mais cela ne nécessite pas de jeûne expiatoire, le jeûne de rattrapage suffit.

Ceux qui souffrent de grave maladies peuvent de toute façon rompre leur jeûne. Si une piqûre est injectée à ces derniers, leur jeûne est invalidé. Ils devront rattraper leur jeûne quand ils auront recouvré la santé. Il est plus convenable que ces personnes retardent le moment de l'injection après l'iftar, avec l'autorisation de leur médecin.

- Le fait de recevoir du sang d'un donneur est similaire à l'injection médicamenteuse; cela invalide le jeûne. Mais le don du sang ne l'invalide pas.
- Lorsque l'on se gargarise la bouche avec de l'eau lors des ablutions et que l'on recrache cette eau, il n'y a pas de mal à avaler l'humidité conséquente qui est dans la bouche en même temps que sa salive. Le jeûne continue.
- Avaler le sang qui s'écoule en petite quantité entre les dents et qui se perd dans la salive ne nuit pas au jeûne. Mais s'il y a plus de sang que de salive, avaler cela invalide le jeûne.

QUELLES SONT LES CHOSES JUGÉES *MAKROUH*[105] POUR LE JEÛNEUR ?

- Selon certains savants, il n'y a pas d'inconvénient à ce qu'un jeûneur utilise un *miswak*[106] sec ou frais. Mais d'après Imam

---

105 Autorisées mais détestables, répréhensibles, qu'il faut éviter tant que possible et n'utiliser qu'en cas extrême.

106 Appelé aussi *'oud al-arak*, le miswak est un morceau de bois provenant de l'arbre arak. Il est bénéfique pour la santé dentaire et employé un peu comme une brosse à dent.

Abou Youssouf, il est makrouh d'utiliser un miswak frais. Quant à Imam Châfii, il juge l'utilisation du miswak makrouh durant l'après-midi. Par précaution, il vaut mieux ne pas du tout faire usage du miswak pendant le jeûne.

- Il est makrouh au jeûneur d'utiliser plus d'eau que nécessaire pour faire ses ablutions.
- Il est makrouh au jeûneur de goûter, avec sa bouche seulement et sans aucune excuse, le plat qu'il a cuisiné. Mais avoir des proches de mauvais caractère ou très délicats est une excuse valable pour goûter, mais sans avaler, le plat cuisiné.
- Il est makrouh au jeûneur de goûter, avec sa bouche, les aliments qu'il veut acheter afin de savoir s'ils sont de bonne qualité. Selon une autre opinion, si l'on craint d'être trompé, il est possible d'y goûter sans rien en avaler.
- Il n'est pas permis au jeûneur de mâcher un chewing-gum.
- Il est makrouh au jeûneur de donner une quantité de sang telle qu'il soit amené à craindre de trop s'affaiblir et de ne pas pouvoir continuer son jeûne. Il faut préférer donner son sang après l'iftar.
- Selon Imam Abou Hanifa, il est makrouh de prendre de l'eau dans sa bouche et son nez, et de se laver avec de l'eau froide afin de se rafraîchir, car agir ainsi signifierait qu'on se lasse et qu'on se plaint de cet acte d'adoration. Mais selon Imam Abou Youssouf, cela n'est pas makrouh, car agir ainsi ne serait que faciliter la pratique d'un acte d'adoration et ôter une gêne.
- Il est makrouh à un homme qui n'est pas sûr de pouvoir se contrôler d'embrasser et de caresser son épouse.
- Le fait qu'une personne en l'état de *djunub*[107] ne se soit pas lavée jusqu'au matin, ou bien qu'une personne soit sujette à une pollution nocturne pendant qu'elle dort durant la journée,

---

[107] Ayant eu des rapports sexuels, une pollution nocturne, des lochies ou des menstrues, mais n'ayant pas encore fait les grandes ablutions rituelles (*ghousl*).

ne nuit pas au jeûne. Toutefois, il est makrouh de ne pas se laver durant la nuit quand cela est possible.

- Il n'est pas makrouh au jeûneur de sentir des parfums comme le musc et la rose. Il lui est également licite de se maquiller au khôl et de s'appliquer de l'huile pour moustache – excepté pour les personnes qui feraient cela pour s'embellir.

QUELLES SONT LES CHOSES *MUSTAHABB*[108] CONCERNANT LE JEÛNE ?

- Se lever pour le sohour. Le Messager de Dieu a dit dans des hadiths rapportés par Bukhari et Muslim: «Levez-vous pour le sohour, car il y a une bénédiction dans le repas du sohour.»; «Prenez des forces dans le repas du sohour pour le jeûne de la journée, et dans la sieste du midi pour la prière de la nuit (*tahajjud*).» Le repas du souhour renforce le jeûneur et lui facilite ainsi son jeûne.
- Prendre le repas du sohour le plus tard possible et celui de l'iftar le plus tôt possible, c'est-à-dire rompre le jeûne dès le coucher du soleil. Dans un hadith, on lit: «Tant que les gens se hâteront de rompre le jeûne et retarderont le sohour, ils seront sur la voie du bien.»; et dans un hadith *qudsi* (divin): «Le plus agréable de Mes serviteurs est celui qui se presse le plus pour rompre son jeûne.» Le Prophète n'accomplissait pas la prière du soir avant d'avoir rompu son jeûne. Il mangeait d'abord quelques dattes, s'il n'y en avait pas, il buvait quelques gorgées d'eau, puis priait, et enfin prenait le vrai repas. Concernant le fait de retarder le sohour, Zayd bin Thâbit rapporte: «Nous avons mangé le sohour avec le Messager de Dieu. Puis nous avons fait la prière du matin. (Anas demanda): 'Combien de temps y avait-il entre le sohour et la prière de l'aube?' -'Assez de temps pour réciter 50 versets.'»

---

108 Bonne action vertueuse et méritoire que le Prophète faisait parfois mais qui n'est pas obligatoire.

Cette durée correspond à peu près à 15-20 minutes. Certains donnent en exemples les sourates al-Haqqah (contenant 52 versets) et al-Moursalât (50 versets).

Suite à ce hadith, les savants ont déclaré, par précaution, qu'il fallait cesser de manger et boire 15 à 20 minutes avant l'aurore (*imsak*).

- Lors de la rupture du jeûne, il faut réciter cette supplication: «*Allahumma laka sumtu wa bika âmantu wa 'alayka tawakkaltu wa 'alâ rizqika aftartu*», dont le sens est: «O mon Dieu, j'ai jeûné uniquement pour Toi. J'ai cru en Toi. Je m'en suis remis à Toi, je T'ai fait confiance. Et je romps mon jeûne avec la nourriture que Tu m'as donnée.»
- Rompre son jeûne avec quelque chose de sucré comme les dattes, sinon avec de l'eau.
- Une règle primordiale du jeûne est de faire jeûner tous nos sens, autant que notre estomac. Il existe beaucoup d'autres sens et facultés chez l'être humain: la vue, l'ouïe, le cœur, l'imagination, la pensée, etc. Le jeûneur doit protéger tous ces éléments des futilités et du péché, et les orienter vers la servitude et l'adoration d'une manière appropriée pour chacun d'eux. Par exemple, il convient d'empêcher sa langue de mentir, de médire et de dire des choses désagréables et malséantes, et au contraire, employer sa langue pour la récitation coranique, l'évocation des Noms de Dieu, la glorification de Dieu (*zhikr*), le repentir et la supplication pour le pardon divin (*tawba* et *istikhfar*) et la récitation de *salawât* («paix et bénédictions de Dieu soient sur Mohammed»).

  Aussi faut-il empêcher ses yeux de regarder les membres *nâmahram*[109] du sexe opposé et ses oreilles d'écouter les mauvaises choses, et au lieu de cela, diriger ses yeux vers ce qui est exemplaire et ses oreilles vers les paroles de vérité et le Coran. Ainsi est-il possible de faire jeûner tous ses sens et

---

[109] Personnes avec lesquelles on est en droit de se marier (c'est-à-dire qui n'ont pas de lien de parenté proche, liens de sang, de lait, d'alliance).

facultés. Et ce n'est que de cette façon que l'on pourra avoir son lot des vertus et excellences qu'apporte le jeûne. Le Messager de Dieu a dit: «Quiconque ne cesse pas de mentir et d'agir par le mensonge, le Tout-Puissant n'accordera aucune valeur à son abstention de nourriture et de boisson, et ne le louera pas pour cela»; «Cinq choses invalident le jeûne (c'est-à-dire effacent ou diminuent ses mérites et sa vertu): mentir, médire, colporter des commérages, prêter un faux serment et regarder l'illicite avec concupiscence.» Comme le révèlent ces hadiths, le jeûne qui est acceptable aux yeux de Dieu est celui où non seulement l'estomac, mais aussi tous les autres organes, sens et facultés jeûnent. Ibn Hâdjar dit: «Le jeûne parfait et complet est celui où l'on s'écarte de tout péché et de toutes les choses que Dieu a interdites.»

- Il appartient aussi aux règles de bonne conduite du jeûne de ne pas trop manger en remplissant son ventre au maximum lors des repas du sohour et de l'iftar, car l'un des buts du jeûne est de reposer notre âme et notre corps, de les détendre, et de donner l'occasion à l'usine qu'est notre corps de passer par un entretien et nettoyage annuel. Ne pas manger jusqu'au soir, puis, dès que l'on entend résonner l'appel à la prière, se jeter à table et manger comme un ogre est contraire aux règles de savoir-vivre. Cela est d'ailleurs mauvais pour la santé, car nos organes digestifs peinent et souffrent face à une telle attaque. Par conséquent, lors du sohour et de l'iftar, il ne faut pas balayer tout ce qui se trouve à table pour le stocker dans son estomac. Il s'ensuit une somnolence et une lourdeur pendant le reste de la soirée qui nous rend inutiles et incapables de faire quoi que ce soit. Il convient donc de manger peu mais bien, et d'agir en conformité à la sagesse et à l'objectif du jeûne.
- Pendant le Ramadan, tous les croyants doivent davantage accomplir des actes d'adoration, montrer toute leur gratitude envers le Seigneur qui leur a donné ces grâces sans fin, faire plus de bonnes actions et se montrer plus généreux. Durant

ce mois, les mérites de lire et d'écouter le Coran sont multipliées. Par conséquent, ceux qui savent lire le Coran doivent le lire abondamment, et doivent essayer de le lire au moins une fois en entier pendant le Ramadan. Quant à ceux qui ne savent pas le lire, ils doivent aller à la mosquée et écouter les versets de Dieu récités par des *hâfizh*[110] aux belles voix. Ce n'est que de cette manière que l'on peut honorer comme il se doit un mois sacré comme le noble Ramadan.

Imam Ghazali énumère ainsi les éléments sounna[111] du jeûne:

1. Retarder le moment du sohour,
2. se hâter de rompre le jeûne avec des dattes ou avec de l'eau avant la prière,
3. ne pas utiliser de miswak l'après-midi,
4. donner l'aumône et être généreux, offrir le repas de l'iftar aux jeûneurs,
5. lire beaucoup le saint Coran,
6. entrer en retraite spirituelle (*itikaf*) en particulier lors des dix derniers jours du Ramadan où la Nuit du Destin se trouve[112].

LES ENFANTS DOIVENT-ILS JEÛNER ?

Les règles concernant le jeûne des enfants sont similaires à celles concernant la prière des enfants; c'est-à-dire qu'il faut encourager les enfants à jeûner à partir de 10 ans afin qu'ils soient mentalement et physiquement prêts à observer le jeûne quand ils atteignent l'âge de puberté. Toutefois, ils ne sont pas obligés de jeûner tant qu'ils ne sont pas pubères. Ainsi, ils n'ont pas à rattraper les jours de jeûne qu'ils ont manqués jusqu'à l'âge de puberté et de raison. Les enfants qui ne sont pas physiquement prêts, qui sont faibles et ne sont

---

110 Personne qui connaît tout le Coran par cœur.

111 Non obligatoires, mais fortement recommandés de faire afin de suivre l'exemple du Prophète.

112 Ghazali, Ihyau Ulum al-Din, 2/16.

pas à même d'endurer les difficultés du jeûne ne doivent pas être forcés à jeûner.

QUE SIGNIFIENT L'EXPIATION ET LE RATTRAPAGE ?

Le rattrapage (*qadha*): c'est jeûner autant de jours que l'on a rompu le jeûne involontairement ou que l'on n'a pas jeûné.

L'expiation (*kaffârah*): c'est jeûner pendant deux mois lunaires ou 60 jours d'affilée en compensation d'un jour où l'on a sciemment et volontairement rompu le jeûne pendant le Ramadan.

L'existence du jeûne d'expiation est démontrée par le hadith suivant:

«Je suis perdu!

– Qu'est-ce qui t'a anéanti comme cela? demanda le Prophète.
– J'ai eu des rapports avec ma femme pendant le Ramadan, répondit-il.
– Peux-tu rassembler assez de biens pour pouvoir affranchir un esclave?
– Non.
– Peux-tu jeûner deux mois d'affilée?
– Non.
– Peux-tu rassembler assez de biens pour nourrir 60 pauvres?
– Non», répéta l'homme.

Puis il s'assit. Entre temps, l'on apporta au Prophète des dattes dans une corbeille. Il les tendit à l'homme en disant:

«Donne-les en aumône.

– Y a-t-il plus pauvre que nous? Je jure par Dieu qu'il n'y a pas entre les deux champs de pierres (c'est-à-dire les deux pierrailles de Médine) une famille plus pauvre que la mienne.
– Va donc nourrir ta famille avec cela», répondit le Prophète avec un sourire qui laissait entrevoir ses dents.

Ne pas jeûner pendant le Ramadan, sans aucune excuse valable, est un grand péché. C'est pour cela que ceux qui le commettent, c'est-à-dire qui portent atteinte à la sacralité du mois de Ramadan, doivent faire face à une punition si sévère, appelée expiation.

Dans le hadith susmentionné, l'expiation est proposée sous trois formes. Il n'y a pas d'avis unanime concernant l'ordre qui doit être suivi ou non de ces trois options. Selon les Hanéfites, il faut suivre l'ordre. Comme de nos jours l'esclavage n'existe plus, le premier choix devient alors le jeûne de 60 jours, et pour ceux qui n'en auraient pas la force, le second choix s'offre à lui, c'est-à-dire nourrir 60 pauvres en une journée, ou nourrir un pauvre pendant 60 jours.

Ainsi, l'expiation devient aussi un moyen important de s'occuper des pauvres de la société et de leur venir en aide. L'islam, en donnant une telle punition à ceux qui violent l'acte d'adoration du jeûne, lance un avertissement à ces personnes et, ce faisant, remplit un besoin de la société.

QUELLES SONT LES SITUATIONS OÙ LE JEÛNE INVALIDÉ NE NÉCESSITE QUE LE RATTRAPAGE ?

- La consommation de choses (comme la pierre, la terre, le riz cru, la pâte crue, la farine, etc.) qui ne sont pas habituellement et normalement consommées ni appréciées par l'être humain, rompt le jeûne et ne nécessite qu'un rattrapage.
- Manger l'intérieur d'une noix qui n'a pas mûri, ou avaler, sans les mâcher, des amandes, noisettes ou cacahuètes avec la coquille.
- Se mettre un suppositoire ou autre solution médicamenteuse dans l'anus.
- Aspirer par le nez une solution médicamenteuse.
- Se mettre des gouttes (d'huile) dans les oreilles.
- Faire couler un liquide avec un entonnoir dans la gorge.
- La pénétration à l'intérieur du corps d'un médicament appliqué sur une blessure ou coupure au ventre ou à la tête.
- Avaler sans le vouloir de la pluie, de la neige ou de la grêle.
- La pénétration d'eau par inadvertance dans les fosses nasales ou dans la gorge lors des ablutions.

- Inhaler volontairement de la fumée par la gorge ou par le nez. Mais s'il s'agit d'une fumée qui procure un plaisir comme celle de la cigarette ou de l'ambre, le jeûne ainsi invalidé nécessite à la fois rattrapage et expiation.
- Lors du Ramadan, s'il y a rapport sexuel forcé, la personne forcée doit uniquement rattraper son jeûne. Forcer, cela veut dire pousser à faire quelque chose par la violence (en frappant, blessant, etc.). Mais pour l'auteur d'une telle violence, son jeûne ainsi rompu exige rattrapage et expiation.
- Si quelqu'un verse de l'eau dans notre gorge pendant notre sommeil.
- Après avoir mangé et bu par oubli, se mettre à manger volontairement en croyant que de toute façon le jeûne est invalidé.
- Manger quelque chose de la taille d'un pois chiche ou plus grand, qui était resté entre les dents.
- Vomir volontairement, même s'il n'y a pas eu assez de vomis pour remplir la bouche.
- Faire rentrer dans l'estomac le vomis (d'une quantité suffisante pour remplir la bouche) qui est venu à la bouche volontairement ou pas.
- Manger le repas du sohour tandis que le temps autorisé pour cela est passé, mais en croyant qu'il n'est pas encore passé.
- Rompre le jeûne en croyant que le soleil s'est couché.
- Rompre, intentionnellement ou non, un jeûne surérogatoire.
- L'éjaculation de la femme et de l'homme suite à des baisers, caresses, etc. L'écoulement chez l'homme d'un liquide transparent et inodore (liquide pré-séminal) né du désir ne rompt pas le jeûne.
- Manger et boire pendant le Ramadan sans avoir fait vœu de jeûner nécessite seulement un rattrapage, pas d'expiation, car ceci n'est pas la punition d'une absence de jeûne, mais plutôt d'une rupture du jeûne. Toutefois, une telle chose est un péché grave pour lequel il faut se repentir.

- Avaler la salive d'autrui ou un morceau de nourriture mâché par autrui, ou par soi-même, et le manger après qu'il a attendu à l'extérieur. La nature de l'homme est telle qu'il est dégoûté par de telles choses, et c'est pour cela que seul le rattrapage est nécessaire. Or s'il avale la salive d'une personne qu'il aime, cela nécessite une expiation car il en retire du plaisir.
- La pénétration de tout liquide (eau, huile, crème, etc.) dans les orifices génito-urinaires et l'anus. Le jeûneur doit alors faire très attention lorsqu'il se nettoie après avoir fait ses besoins afin de ne pas mouiller les parties internes de ces orifices.
- La masturbation.
- Avaler du sang. Cependant, avaler la salive qui comporte une quantité moindre de sang dans la bouche n'invalide pas le jeûne.

QUELLES SONT LES SITUATIONS QUI NÉCESSITENT À LA FOIS LE RATTRAPAGE ET L'EXPIATION ?

Pendant le mois de Ramadan, si une personne fait l'une des choses énumérées ci-dessous, non pas par oubli ou par obligation mais volontairement, elle devra pratiquer le jeûne de rattrapage et d'expiation:

- Avoir des rapports sexuels.
- Manger, boire ou prendre des médicaments.
- Avaler sciemment l'eau de pluie, la neige et la grêle qui entrent à son insu dans sa bouche.
- Fumer, renifler le tabac, brûler du tabac ou une matière similaire et en aspirer la fumée.
- Manger de la graisse animale, de la viande séchée ou crue.
- Avaler quelque chose resté entre nos dents qui est aussi petit qu'une graine de sésame ou qu'un grain de blé n'invalide pas le jeûne. Or si une telle chose vient de l'extérieur et est avalée volontairement, le jeûne est rompu et l'expiation obligatoire. Mais si une si petite chose n'est que mâchée, cela ne nuit pas au jeûne, car le morceau se transformera en atomes répandus dans la bouche. Toutefois, si son goût se propage jusqu'à la gorge, le jeûne est rompu.

Si quelque chose qui est resté entre les dents et qui est plus petit qu'un pois chiche est sorti de la bouche, puis est mangé, le jeûne est rompu. Selon l'avis authentique, l'expiation n'est pas nécessaire, car manger une telle chose n'est ni normal ni agréable.

- Avaler la salive de son épouse ou d'un être aimé.

Dans les éléments que nous venons d'énumérer, il s'agit soit de l'alimentation du corps, de son traitement médical, ou de son plaisir. Ces raisons entraînent le rattrapage ainsi que l'expiation.

COMMENT FAIRE LE JEÛNE DE L'EXPIATION ?

- Celui qui est redevable d'un jeûne expiatoire doit jeûner pendant deux mois consécutifs, sans arrêt. Par conséquent, cette période ne doit pas coïncider avec le Ramadan ou les jours où il est interdit de jeûner. Dans le cas contraire, il faudra recommencer du début le jeûne expiatoire.
- Si le fait de voyager autorise le croyant à ne pas jeûner pendant le Ramadan (et à rattraper plus tard les jours manqués), il n'est d'aucune excuse pour le jeûne expiatoire. Ainsi, celui qui fait le jeûne de l'expiation, même s'il est en voyage, doit poursuivre son jeûne.
- Pour la femme qui a ses menstrues ou lochies, elle s'arrête de jeûner pendant ces jours, puis reprend immédiatement son jeûne expiatoire d'où elle l'avait laissé.
- Comme nous l'avons dit plus tôt, l'expiation est la punition du jeûne rompu volontairement, pas du jeûne non accompli. À cet égard, celui qui ne fait pas vœu de jeûner pendant le Ramadan doit seulement rattraper son jeûne. Cependant, faire cela est un grand péché dont il faut se repentir (*tawba*).

QUELLES SONT LES SITUATIONS QUI ANNULENT L'OBLIGATION DU JEÛNE EXPIATOIRE ?

Si une personne rompt sciemment son jeûne mais que plus tard, dans la même journée, elle a ses menstrues ou autre chose comme une maladie qui autorise de rompre le jeûne, alors la punition d'expiation est annulée. Le rattrapage suffit.

Après avoir rompu sciemment le jeûne, partir en voyage de façon forcée ou volontaire, ou bien tout faire pour se rendre malade, n'annulent pas la punition d'expiation.

QUE VEUT DIRE LA *FIDYA* ?

La *fidya* (compensation) est le paiement expiatoire ou la compensation payée par celui qui est trop malade ou trop âgé pour pouvoir jeûner. Elle consiste à nourrir un pauvre pour chaque jour de jeûne manqué. Comme pour l'expiation, le paiement de la fidya soulage le croyant de la responsabilité du jeûne, et en même temps, représente un élément important de la solidarité sociale en pourvoyant aux besoins alimentaires des pauvres. À ce propos, le saint Coran dit: *On vous a prescrit le jeûne (...) pendant un nombre déterminé de jours. Quiconque d'entre vous est malade ou en voyage, devra jeûner un nombre égal d'autres jours. Mais pour ceux qui ne pourraient le supporter (qu'avec grande difficulté), il y a une compensation: nourrir un pauvre. Et si quelqu'un fait plus de son propre gré, c'est pour lui; mais il est mieux pour vous de jeûner; si vous saviez!* (2/183-184)

QU'EST-CE QUE L'*ITIKAF* ?

Accomplir l'itikaf (retraite spirituelle), c'est se retirer dans un coin de la mosquée ou d'un autre lieu d'adoration pendant les dix derniers jours du Ramadan pour se consacrer à la prière et aux actes pieux.

Le Coran mentionne l'itikaf dans ce verset: *Ne cohabitez pas avec elles pendant que vous êtes en retraite rituelle dans les mosquées.* (2/187) Selon les sources de hadith, depuis son émigration à Médine, le Messager de Dieu a pratiqué la retraite spirituelle tous les ans durant les 10 derniers jours du mois de Ramadan et l'a aussi conseillé à ses épouses. Voici un hadith soutenant cela: «Quand on entrait dans les 10 derniers jours du Ramadan, le Messager de Dieu passait ses nuits en adoration. Aussi réveillait-il ses épouses pour qu'elles fassent de même.

Il s'appliquait plus à l'adoration en ces moments-là qu'à d'autres.»[113]

A cause de ses occupations quotidiennes, l'être humain oublie souvent le vrai but de son envoi sur terre. En réalité, chaque croyant a besoin de méditer sur le sens et l'objectif de sa vie. L'itikaf pratiqué pendant le Ramadan – mois de pardon et de miséricorde – est une bonne opportunité pour méditer. La Nuit du Destin (*Laylat-ul-Qadr*), qui est selon les termes du Coran «meilleure que mille mois», survient parmi les 10 derniers jours du Ramadan, ce qui augmente d'autant plus l'importance de l'itikaf. Bien que cette belle tradition tende à disparaître, les croyants ont depuis très longtemps pratiqué cela, et toutes les villes ont toujours compté quelques croyants se retirant ainsi dans les mosquées.

Atâ ibn Abou Rabah, qui est une grande figure de l'islam, dépeint ainsi la personne qui pratique l'itikaf: «La personne qui est en retraite spirituelle – tel celui qui, parce qu'il a un besoin, s'assoit suppliant devant la porte d'un grand personnage en disant 'Je ne partirai pas d'ici', – se réfugie dans un temple de Dieu et dit 'Je ne partirai pas d'ici tant que Tu ne m'auras pas pardonné'.»

Il existe certaines règles de conduite pour l'itikaf: cette retraite doit être effectuée pendant les 10 derniers jours du Ramadan et dans une mosquée très noble. Pendant l'itikaf, il ne faut prononcer que des paroles de bien. Les paroles qui n'entraînent pas de péché sont aussi autorisées. Se taire en croyant ainsi faire un acte d'adoration est makrouh. L'une des plus grandes adorations consiste au contraire à parler mais en protégeant sa langue du péché. Pendant l'itikaf, il faut continuer à lire le saint Coran, les hadiths, la vie des Prophètes, et à apprendre les sujets religieux. Quiconque fait l'itikaf doit mettre des vêtements propres et se parfumer. L'on peut aussi lubrifier ses cheveux. Celui qui veut faire vœu de pratiquer cette retraite (c'est-à-dire qui se la rend obligatoire), doit prononcer son intention aussi bien avec le cœur qu'avec la langue.

---

113 Bukhari, I'tikaf, 1, 6; Muslim, I'tikaf, 2, 7; Tirmidhi, Sawm, 71.

Celui qui pratique l'itikaf voue tout son temps à l'adoration et à la prière, car même lorsqu'il n'est pas concrètement en train de prier, il est néanmoins dans la mosquée, dans un état toujours prêt à prier. Cette attente pour prier a elle-même la valeur de la prière.

Grâce à l'itikaf, la spiritualité de l'être humain augmente, son cœur s'illumine, son visage rayonne par la marque de la servitude, et son âme goûte aux douceurs célestes. Que de beauté et de bénédiction dans cette expérience!

CHAPITRE 5

La Charité Pendant le Ramadan

LA CHARITÉ PENDANT LE RAMADAN

QU'EST-CE QUE L'AUMÔNE DU RAMADAN (*SADAQAT AL-FITR*) ?

F*itr* signifie «la nature des humains selon leur création par Dieu (l'innéité)» et «la rupture du jeûne». *Sadaqat al-fitr*, la charité offerte par les musulmans avant la prière de l'Aïd (prière marquant la fin du Ramadan), est aussi appelé *fitra*. L'aumône du fitra est un acte d'adoration relatif à la fortune personnelle que tous les musulmans responsables qui possèdent assez de biens selon les critères religieux (*nisab*[114]) sont obligés d'accomplir pour eux-mêmes et pour les personnes qui sont à leur charge, le jour de la Fête du Ramadan.

Donner l'aumône du fitra est *wâdjib* selon les Hanéfites, et *fardh* selon les autres écoles juridiques. On appelle aussi cette aumône «l'impôt par tête», parce qu'il s'agit d'une responsabilité qui concerne chaque individu. Concrètement, le fitra est obligatoire dès lors que l'individu atteint le premier jour de la fête du Ramadan.

Dans beaucoup de hadiths, le Prophète ordonne de donner l'aumône du fitr. Selon un hadith rapporté par Abdoullah b. Omar: «Le Messager de Dieu a ordonné que l'aumône du fitr soit donnée, avant d'aller à la prière de la fête, pour chaque homme libre ou esclave, homme ou femme, petit ou grand, 1 sa'[115] de datte et 1 sa' d'orge.»[116]

---

114 Le nisab est le montant minimum pour lequel l'aumône (zakât) doit être payée. Si la fortune d'un individu est inférieure au nisab, il n'a pas à payer cette aumône. Le nisab (ou montant minimum) est d'environ 85 grammes d'or pur, ou d'environ 595 grammes d'argent pur.

115 Sa': unité de mesure équivalant à 3,350 kg).

116 Bukhari, Zakat, 76; Muslim, Zakat, 12.

A ce sujet, Abou Saîd el-Khudrî rapporte: «À l'époque du Prophète, nous donnions 1 saʿ de ce que nous avions à manger. Notre nourriture était constituée d'orge, de raisins secs, de dattes et de fromage sans gras.»[117] Dans un autre hadith, on lit: «Donnez l'aumône du fitr pour toutes les personnes qui sont à votre charge.»[118]

Le fitra est un acte d'adoration qui a pris sa place dans la religion pour que l'individu et ceux qui sont à sa charge montrent leur gratitude au Seigneur qui leur a accordé la vie et l'existence. Du reste, même ceux qui ne jeûnent pas ou qui ne peuvent pas jeûner sont obligés de donner le fitra.

Le fitra porte également le sens de la gratitude du serviteur envers son Seigneur pour lui avoir donné la force de jeûner. En même temps, comme le montre un hadith, le fitra est un moyen de compenser les manquements du jeûneur lors de son jeûne, c'est-à-dire les attitudes qu'il a pu parfois adopter et qui ne conviennent pas au jeûneur. Le fitra est aussi une opportunité de partager la fête avec les pauvres, qui peuvent alors eux aussi se réjouir.[119]

Par ailleurs, il est dit que cette aumône est aussi le moyen de faire accepter son jeûne, de trouver le salut, et d'être sauvé de la souffrance au moment de la mort et du châtiment de la tombe.

Le fitra est donné par beaucoup plus de monde que la zakât (pour laquelle il faut être plus riche). De cette manière, tous les croyants qui en ont les moyens jouissent de pouvoir donner quelque chose sur le chemin de Dieu, et comprennent ce faisant l'état des pauvres qu'ils peuvent voir de plus près. D'autre part, l'aumône du fitra protège l'honneur des pauvres qui ne sont donc pas réduits et forcés à mendier leur subsistance. Finalement, c'est encore un pont de fraternité et d'amitié qui se construit à travers le fitra entre les individus d'une même société.

---

117 Bukhari, Zakat, 74.

118 Bayhaqi, Sunan Kubra, 4/161.

119 Abu Dawud, Zakat, 17; Ahmad Ibn Hanbal, Musnad, 2/277.

QUELLES SONT LES PERSONNES RESPONSABLES DU PAIEMENT DU FITRA ?

Toutes les personnes qui remplissent les conditions suivantes doivent payer le fitra:

Etre musulman: le fitra n'est obligatoire que pour les musulmans. Mais selon les Châfiites, un non-musulman doit payer le fitra pour les musulmans qui sont à sa charge.

Posséder des biens selon la mesure du nisab: comme pour la zakât, pour être jugé contribuable du fitra, il faut posséder, en plus de tout ce qui est considéré comme essentiel, des biens selon la mesure du nisab (l'équivalent de 85 g d'or ou 595 g d'argent). Ce qui diffère de la zakât, c'est que pour que le fitra soit obligatoire, il n'est pas besoin que les biens soient des biens qui rapportent, ni qu'ils aient été possédés pendant un an. Selon les écoles châfiites, malékites et hanbélites, pour être redevable du paiement du fitra, il n'est pas nécessaire de posséder autant de biens que la mesure du nisab. D'après eux, tout musulman qui est capable de subvenir à ses besoins essentiels et qui a suffisamment de provisions pour le jour et la nuit de la Fête du Ramadan est tenu de donner l'aumône du fitra. Si celui qui est en situation de devoir donner le fitra vient à perdre les biens qu'il possédait ou si ses biens ne valent plus autant que la mesure du nisab, il demeure néanmoins obligé de payer le fitra. Toutefois, si cette personne meurt en n'ayant pas payé le fitra, cette dette n'a pas à être payée avec les biens qu'il a laissés. Mais si les héritiers choisissent néanmoins de payer cette dette, cela est plus méritoire.

Aptitude: il n'est pas nécessaire d'avoir atteint l'âge de puberté et d'être sain d'esprit pour être redevable du paiement du fitra. Selon Abou Hanifa et Abou Youssouf, il faut donner le fitra des enfants et des handicapés mentaux qui possèdent des biens selon le nisab. Par exemple, le père doit donner le fitra de son enfant à partir des biens de ce dernier s'il en a.

Etre le tuteur légal: pour que quiconque puisse être jugé responsable du fitra d'autres personnes, celles-ci doivent être sous sa tutelle, c'est-à-dire qu'elles doivent être à sa charge. Un musulman qui a assez de biens pour devoir payer le fitra, doit aussi payer le fitra des enfants et des handicapés mentaux qui sont à sa charge, même si ceux-ci n'ont pas assez de biens pour être eux-mêmes redevables du fitra. Il faut également payer le fitra des enfants du fils qui meurt. Au demeurant, même si un individu décide de se charger de la garde de ses parents, de ses enfants adultes, de sa femme, de ses frères et sœurs et autres proches, il n'a pourtant pas à payer leur fitra, car toutes ces personnes ne sont pas sous sa tutelle. Or, bien qu'il n'y soit pas obligé, il peut néanmoins payer leur fitra. Selon les savants non hanéfites, le croyant pour qui le fitra est obligatoire doit aussi payer le fitra des proches dont il est responsable, comme ses parents et son épouse, s'ils sont musulmans et s'il en a les moyens.

Le temps: selon l'école hanéfite, le paiement du fitra devient obligatoire le premier jour de la fête du Ramadan, à partir de l'aurore, car cette aumône a été attribuée à la fête. D'après cela, celui qui meurt ou qui devient pauvre avant l'aurore, au premier jour de fête, n'est plus obligé de donner le fitra. Quant à ceux qui deviennent musulmans ou qui naissent avant l'aurore, leurs fitras doivent être payés. Mais si la naissance ou la conversion surviennent après l'aurore, il n'est alors plus question de fitra. Selon les autres écoles juridiques, le fitra demeure obligatoire jusqu'au coucher du soleil du dernier jour de fête.

QUAND FAUT-IL PAYER L'AUMÔNE DU FITRA ?

Il est possible de payer le fitra dès le début du mois de Ramadan. Les savants ont recommandé, en s'appuyant sur les hadiths où le Prophète incite les gens à subvenir aux besoins des pauvres, de payer le fitra un ou deux jours avant la fête. Il n'est pas convenable de repousser le moment du fitra, tandis qu'on peut le donner au premier jour de la fête. Si toutefois le paiement est repoussé, l'obligation de payer le fitra continue et il faut s'acquitter de cela au plus tôt. Pour les Châfiites, il est interdit (*haram*) de repousser sans excuse le paiement du fitra au-delà du premier jour de la fête.

QUEL EST LE MONTANT DU FITRA ?

Dans les hadiths susmentionnés, le Messager de Dieu nous apprend qu'à son époque le fitra était donné sous la forme des aliments les plus courants, à savoir les dattes, l'orge, les raisons secs, etc. Leur quantité était de 1 sa', c'est-à-dire 3,350 kg. Aussi, selon la pratique des Compagnons, dont les quatre grands Califes Bien-Guidés, il est rapporté qu'ils donnaient ½ sa' de blé. Les savants de jurisprudence qui ont examiné les hadiths concernant le fitra, ont ainsi déterminé la qualité et la quantité du fitra:

Selon les Hanéfites, le fitra se constitue de 4 catégories d'aliments: le blé, l'orge, les dattes et les raisins secs. L'on doit donner ½ sa' de blé – ou de farine de blé – et 1 sa' pour les autres produits. Selon les Châfiites, il faut donner 1 sa' de n'importe quelles céréales, dattes et raisins secs. Naturellement, le fitra doit être donné sous forme des aliments les plus consommés dans le pays ou la région où vit le croyant concerné.

C'est précisément ce que nous apprenons dans les livres de référence classiques de jurisprudence islamique. Cependant, quand on regarde de près la pratique du fitra à l'époque du Prophète, et quand on prend en compte la nature et l'objectif du fitra, lorsqu'ils donnaient 1 sa' de nourriture, cela équivalait à la subsistance d'une journée d'un pauvre.

Ainsi, l'on en déduit que le fitra a pour but de pourvoir la nourriture d'une journée (matin et soir) d'un pauvre selon les normes de la société dans laquelle il vit. Par conséquent, il n'est peut-être pas adéquat, aujourd'hui, de donner le fitra sous forme d'1 ou ½ sa' de blé, d'orge, de dattes et de raisins secs. Ainsi, les savants contemporains pensent, au sujet de la détermination du fitra, qu'il convient de ne tenir compte que de l'un des deux principes suivants:

- Donner l'équivalent moyen en argent d'un sa' de chaque produit (blé, orge, dattes, raisins secs). Grâce à cette méthode, le musulman ne tombe pas dans une situation où il serait amené à hésiter face à des prix très différents pour ces produits que l'on trouve de différentes qualités.

- Déterminer la quantité du fitra en fonction de l'alimentation normale quotidienne d'un individu. La somme à donner ne doit pas être inférieure au prix des produits alimentaires les moins chers ou à ce qui est prescrit dans les hadiths.

Enfin, la chose la plus convenable est de donner en fitra assez pour nourrir une personne pendant une journée (matin et soir). Il ne faut pas mesurer la quantité du fitra selon le régime alimentaire journalier d'un pauvre, mais selon celui de la personne qui paie le fitra, car cela est plus conforme au sens et au but du fitra. Un verset du Coran concernant l'expiation pour avoir rompu un serment soutient cette approche: *L'expiation en sera de nourrir dix pauvres, de ce dont vous nourrissez normalement vos familles.* (5/89)

Rappelons aussi que les quantités de fitra déterminées par les hadiths et les livres de jurisprudence ne sont que les limites minimums. Les ordres et conseils de notre Prophète à ce sujet incitent à nourrir le pauvre afin qu'il n'ait pas à mendier en un tel jour et qu'il puisse partager la joie commune de la fête. Le croyant qui doit donner le fitra doit faire ses calculs en fonction de son propre niveau de vie, et doit payer un montant d'argent qui soit suffisant pour nourrir un pauvre pendant au moins une journée, et de la manière qu'il se nourrit lui-même. On peut faire ce calcul de la façon suivante: diviser par 30 jours et par le nombre des membres de sa famille le total des dépenses faites pour la cuisine en un mois. Le résultat est le montant dépensé pour une personne en une journée. On peut utiliser ce chiffre pour payer le fitra. Or il est plus vertueux aux musulmans qui en ont les moyens de donner davantage. Dieu seul sait ce qui est meilleur.

COMMENT PAYER L'AUMÔNE DU FITRA ?

Le fitra est un acte d'adoration. Comme dans tout acte d'adoration, l'intention (*niyyah*) est une condition préalable. Ainsi, il faut prononcer son intention quand on donne le fitra ou à l'avance quand on prépare la somme. L'intention se fait dans le cœur en vouant le fitra à Dieu, mais il est préférable qu'elle soit aussi exprimée par la langue. Il faut néanmoins garder à l'esprit que ce qui compte avant tout, c'est l'intention du cœur. Le croyant qui paie le fitra aux pauvres doit faire cela en se rappelant qu'il ne fait que redistribuer à leurs propriétaires les biens que Dieu lui avait confiés afin qu'il les donne.

Il n'est pas besoin de dire «ceci est le fitra» quand on le donne. L'on peut donner de la nourriture, mais il est plus utile de donner le fitra sous forme d'argent afin que le pauvre puisse l'employer de façon à pourvoir à ses besoins les plus urgents. Il faut donner le fitra tout de bon, c'est-à-dire que ce que donne l'individu devient la propriété du pauvre. Par exemple, il ne faut jamais donner le fitra à un pauvre en déduisant cette somme de ce qu'on lui devait.

À QUI FAUT-IL DONNER LE FITRA ?

L'aumône du fitra est donnée aux même personnes que la zakât, c'est-à-dire qu'une personne qui n'est pas en droit de recevoir la zakât, ne peut pas non plus recevoir de fitra. Ces personnes sont les suivantes: ceux qui sont considérés comme suffisamment riches selon les critères religieux (selon la mesure du nisab), l'épouse de celui qui paie le fitra, ses parents, grands-parents, enfants, petits-enfants et les proches qui sont à sa charge.

Celui qui doit s'acquitter du fitra doit donner la priorité à ses proches même s'ils habitent loin, aux pauvres qui vivent dans sa localité, aux démunis connus pour leur probité et aux étudiants. Aussi est-il permis de distribuer le fitra à plusieurs personnes, au lieu de le donner tout entier à une seule. Mais il est préférable de ne le donner qu'à une seule personne afin de pouvoir lui être vraiment utile. D'autre part, il est possible que plusieurs croyants donnent leur fitra à un même pauvre.

COMMENT SE FAIT LA PRIÈRE DE L'AÏD ?

La prière de l'Aïd (la fête) est une prière de deux rakât et se fait deux fois par an lors de la Fête du Ramadan (*Aïd al-Fitr*) et la Fête du Sacrifice (*Aïd al-Adha*).

Selon les Hanéfites, les conditions de validité de la prière de l'Aïd sont les même que celles de la prière du vendredi (excepté le sermon). La seule différence est donc le sermon (*khoutba*), qui est une condition de validité pour la prière du vendredi, mais seulement une sounna pour la prière de l'Aïd. Le sermon, qui est prononcé avant la prière du vendredi, doit au contraire être prononcé après la prière de l'Aïd. De plus, la prière de l'Aïd est accomplie environ 45 minutes après le lever du soleil. Il n'y a donc pas d'*adhan* (appel à la prière) contrairement à la prière du vendredi.

La différence dans la pratique de la prière de l'Aïd par rapport aux autres prières est qu'à chaque rakât, il faut prononcer 3 *takbir* (*Allahou Akbar*) de plus, qu'on appelle les *takbir zâid*. Ces takbir supplémentaires sont obligatoires et doivent être prononcés à la 1ère rakât avant la récitation, et à la 2ème rakât après la récitation coranique. Lors du takbir, il faut lever les mains puis les laisser tomber sur les côtés. Pendant la première rakât, il faut prononcer le takbir de commencement, puis joindre les mains et réciter *Soubhânaka*[120]. Ensuite, on passe aux *takbir zâid* avec l'imam. Comme pour les autres takbir, ceux prononcés par l'imam doivent être à voix haute, et ceux de l'assemblée des croyants à voix basse. Il faut lever les mains en disant *Allahou Akbar* puis les laisser retomber sur les côtés, après avoir attendu le temps qu'il faut pour dire 3 fois *Soubhânallah*, il faut redire *Allahou Akbar* avec le même geste, attendre encore, et dire *Allahou Akbar* une 3ème fois et cette fois-ci joindre les mains. Alors l'assemblée se tait, et l'imam récite à voix basse *Aûzhu* et *Basmala*, puis à voix haute *Fâtiha* et une sourate. Après l'inclination (*ruku*) et la prosternation (*sajda*), on se relève pour la 2ème rakât. Là, l'imam récite *Fâtiha* et une sourate, puis dit 3 fois le takbir et laisse retomber ses mains. Le 4ème takbir est celui dit pour aller en position inclinée (*ruku*), suite à quoi on termine normalement la prière.

Après la prière, l'imam monte à la chaire et prononce un sermon sans s'asseoir. De même que pour le sermon du vendredi, louanges

---

120 *Subhânaka'llahumma wa bi-hamdik. Wa tebâraka'smuk. Wa ta'âla jadduk. Wa lâ ilâha ghayruk.* (Gloire à Toi, ô Dieu, et à Toi revient toute louange. Béni est Ton Nom et suprême est Ton honneur. Il n'y a pas de divinité en dehors de Toi)

et glorifications sont ainsi faites à Dieu: *Allahou Akbar, Allahou Akbar; Lâ ilâha illallâhu wallâhou Akbar; Allahou Akbar walillâhil'hamd*, et la congrégation répète ces takbir dits *tachriq*. Comme pour le sermon du vendredi, l'imam divise son sermon en deux et s'assoit un court instant entre les deux.

Il convient de réciter le takbir *tachriq* en allant à la prière de l'Aïd. Ces takbir se font à voix basse pendant la Fête du Ramadan et à voix haute pendant la Fête du Sacrifice. Quand on arrive à la mosquée, durant les deux fêtes, il faut réciter ensemble ce takbir jusqu'à ce que la prière commence. Si quelqu'un est en train de prêcher à la mosquée, il faut s'asseoir et l'écouter en silence. Le temps de la prière de l'Aïd se situe vers le lever du soleil, après que la période interdite (*karahat*[121]) soit passée (environ 45 minutes après le lever du soleil).

---

[121] Il s'agit des périodes où il faut éviter de prier, c'est-à-dire les 45 minutes après le lever du soleil, les 45 minutes avant le coucher du soleil et les 45 minutes avant que le soleil est au zénith.

CHAPITRE 6

Le Jeûne et la Santé

LE JEÛNE ET LA SANTÉ

L'ISLAM POURRAIT-IL ORDONNER QUELQUE CHOSE DE NUISIBLE À LA SANTÉ ?

Jamais Dieu le Très-Haut n'ordonne des choses nuisibles à l'être humain, et certes, le jeûne n'est pas mauvais pour la santé, loin de là. Les professionnels de la médecine disent d'ailleurs que chez le jeûneur, les hormones d'adrénaline et de cortisone se mélangent mieux au sang. Ces hormones montrent aussi leur effet sur les cellules cancéreuses. Ainsi, elles jouent un rôle de bouclier contre le cancer en empêchant les cellules cancéreuses de se multiplier.

Grâce au jeûne, l'organisme soumis au jeûne passe par un entretien général: la graisse accumulée autour des organes internes fond, le corps devient plus vigoureux et plus résistant face aux maladies du cœur, du foie, des reins, de l'estomac et du diabète.

Le foie est entre autres aussi chargé de travailler lors de la digestion. Pendant le jeûne, il se repose pendant 3 à 5 heures et interrompt le stockage des aliments. Pendant ce temps, il prépare les globines qui renforceront le système immunitaire. Les muscles et les cellules sécrétrices de l'estomac se reposent aussi pendant le jeûne. Parce que le volume sanguin diminue, la tension baisse et permet au cœur de se reposer. En effet, le jeûne est particulièrement bénéfique aux personnes qui souffrent d'une tension élevée.

Les résidus alimentaires qui n'ont pas été tout à fait éliminés par l'organisme abîment les artères. Les graisses non-éliminées bouchent les artères et les durcissent. Or le soir d'une journée de jeûne, il ne reste presque plus de résidus alimentaires, car ils ont quasiment tous été éliminés. C'est pour cela qu'il est conseillé, surtout à ceux qui souffrent d'artériosclérose, de jeûner également à d'autres moments de l'année.

Pendant le jeûne, les autres organes du corps se reposent aussi. Il est très important pour la santé de manger peu et de jeûner. La zakât est la purification des biens. Quiconque donne la zakât protège ses biens des souillures, et quiconque jeûne paie la zakât de son corps, le protège des maladies. Le Prophète bien-aimé a dit: «Il y a une zakât pour toute chose; la zakât du corps est le jeûne.»[122]

La plupart des maladies sont dues à un excès dans l'alimentation. Les sentiments de compassion chez celui qui mange trop diminuent, ses désirs augmentent, et la voie du péché lui est facilitée. Il faut mettre un obstacle aux voies qui mettent en action les désirs illicites. La faim entrave la route du diable. Satan circule en nous comme le sang dans nos veines; c'est donc avec la faim que nous trouvons un moyen de rétrécir son chemin. Pour le célibataire aussi le jeûne est très utile, car il met les brides à ses désirs charnels.

QUELS SONT LES AVANTAGES MÉDICAUX DU JEÛNE DU RAMADAN ?

Rappelons d'abord que le musulman ne jeûne pas en vue de profiter de quelque avantage pour sa santé, mais uniquement parce que cela est un ordre venant de Dieu. Il est néanmoins une réalité indéniable que le jeûne a de nombreux avantages pour notre bien-être physique et spirituel. Le jeûne, au sens de régime alimentaire, est une méthode couramment utilisée depuis très longtemps par la médecine pour faire perdre des kilos, reposer le système digestif et diminuer le nombre de lipides dans le sang. Le régime total, dit «crash diet» en anglais, a beaucoup d'effets négatifs. Or le jeûne qui est une obligation religieuse en islam a un sens différent de celui du régime. Le jeûne islamique n'entraîne ni malnutrition ni déficience en apport calorique.

Pendant le Ramadan, les musulmans qui jeûnent ont un apport en calorie soit conforme à la moyenne recommandée, soit légèrement

---

122 Tirmidhi, Daavat, 86; Ibn Maja, Siyam, 44.

au-dessous. En outre, le jeûne du Ramadan est pratiqué de façon volontaire, et n'est pas un régime ou une médication prescrite par le médecin ou le diététicien. Quand on jeûne, on se souvient des gens qui souffrent de la faim dans le monde et l'on pense plus sérieusement à leur venir en aide. Ceci est spécifique au jeûne islamique.

Le mois de Ramadan est un mois où l'individu se demande des comptes à lui-même et bride son moi charnel. Naturellement, ce qui est voulu, c'est que cet état continue après le Ramadan. Si les bienfaits qu'a apportés le Ramadan, que ce soit physiquement ou spirituellement, perdurent après le Ramadan, toute notre vie, spirituelle et matérielle, s'écoulera dans le bien et le bonheur.

Par ailleurs, le jeûne du Ramadan n'a pas le même sens que celui des chrétiens qui consiste en un régime de protéines ou de fruits. Dans le jeûne islamique, il est permis de consommer en quantité raisonnable de tout ce qui est normalement licite. La seule différence matérielle entre le jeûne du Ramadan et le jeûne dit «régime total» est les heures de repas. Pendant le jeûne islamique, le croyant ne prend pas le repas du midi mais seulement un petit déjeuner très tôt (*sohour*), puis de l'aurore jusqu'au coucher du soleil, il ne mange ni ne boit absolument rien.

La privation d'eau pendant le jeûne ne nous est pas nuisible. Lors du jeûne, la soif, due à un manque d'eau, pousse tous les liquides de notre organisme à être plus concentrés. La légère perte d'eau (déshydratation) qui survient pendant le jeûne peut conduire à une vie plus saine, car, comme pour les plantes, le corps a un mécanisme qui conserve sa propre eau (divers liquides organiques).

Parmi les effets physiologiques du jeûne, on compte aussi la baisse du cholestérol et du glucose dans le sang, ainsi que la baisse de la pression artérielle systolique. En fait, le jeûne du Ramadan peut être conseillé à ceux qui veulent stabiliser leur diabète (s'ils ne dépendent pas de l'insuline), leur surpoids et leur hypertension.

En 1994, le 1er Congrès International sur «La Santé et le Ramadan» a eu lieu à Casablanca, au Maroc. Des chercheurs musulmans et non musulmans venus de toutes parts ont présenté 50 recherches. Aucune publication ne semble avoir démontré un quelconque inconvénient du jeûne sur la santé. Quant aux malades qui souffrent gravement du diabète, des problèmes cardio-vasculaires, des calculs rénaux, etc., ils ne sont pas obligés de jeûner.[123]

En plus des bienfaits matériels et physiologiques, le jeûne a aussi beaucoup d'effets positifs aux niveaux psychologique et spirituel. Ceux qui jeûnent pendant le Ramadan entrent dans un état de paix et de sérénité en raison des plaisirs spirituels qu'ils retirent du jeûne. Les haines et les rancœurs personnelles tombent à leur niveau le plus bas. Le jeûneur se rappelle cette parole du Messager de Dieu: «Quand l'un de vous jeûne, (...) si jamais quelqu'un vient à l'insulter ou à le molester, qu'il dise: 'Je jeûne'.»[124]

Ce bien-être spirituel et psychologique peut provenir de la stabilisation du taux de glucose dans le sang, qui peut être due à l'hypoglycémie pendant le jeûne, ou des changements qui surviennent dans le comportement du jeûneur.[125]

Pendant les nuits du Ramadan, le croyant accomplit 20 rakât de prière de tarawih à la suite de la prière de la nuit (*ʿicha*). Cela a sans aucun doute des bienfaits sur la vie spirituelle et matérielle du croyant. Chaque rakât effectuée fait perdre environ 10 calories. Il va sans dire que nous ne prions pas pour faire de l'exercice physique, mais le fait est que nos jointures et notre corps profitent de ces gestes simples qui sont une forme de gymnastique.

D'autre part, réciter par cœur certaines sourates du Coran apporte non seulement une paix dans le cœur et l'esprit, mais permet en même temps l'exercice et l'amélioration de la mémoire. C'est pour ces raisons que certains médecins professionnels encouragent leurs patients musulmans à jeûner – à condition de les garder sous contrôle médical.[126]

---

123 Toda M, Marimoto K.: *Effects of Ramadan Fasting on the Health of Muslims* (Effets du Jeûne du Ramadan sur la Santédes Musulmans). Nippon Eiselgaku Zasshi, 54 (4): 592-596.

124 Bukhari, Sawm, 8.

125 Gavrankapetanovic F.: *Medical aspects of fasting*. (Aspect Médicaux du Jeûne) Med Arh, 51: 25-27, 1997.

126 Attar S: *Medical Benefits of Ramadan*. (Bienfaits Médicaux du Ramadan). International J of Ramadan Fasting Research, 1/1-3, 1997.

Les musulmans en bonne santé n'ont pas à craindre de s'affaiblir en jeûnant. Au contraire, le jeûne les rendra plus sains, plus forts et plus résistants.

Dans une autre étude menée sur les effets du jeûne, il a été découvert qu'un grand nombre de jeûneurs souffrant de constipation, du syndrome du côlon irritable et d'autres maux qui ne sont pas des maladies empêchant le jeûne, ont guéri pendant le Ramadan.[127]

QUELS SONT LES BIENFAITS DE LA FAIM ?

Signalons d'emblée que le jeûne est une chose et que la faim en est une autre. Toutefois, les avantages que procure la faim valent aussi pour le jeûne; énumérons-les:

1. La faim aiguise l'acuité d'esprit, la compréhension, l'intelligence et la perspicacité. Celui qui vit la faim réfléchit et comprend plus facilement. La contemplation méditative est la moitié de l'adoration, mais manger peu est aussi important que le plus grand acte d'adoration. Qui mange beaucoup dort beaucoup, et qui dort beaucoup perd son temps et sa vie. L'intellect et l'esprit du gros mangeur s'atrophient peu à peu.
2. La faim engendre le raffinement du cœur.
3. La faim brise les désirs et dompte le moi charnel. Manger beaucoup engendre l'insouciance et l'oubli. De même qu'il est difficile de s'emparer d'un cheval furieux, ainsi il est difficile de s'emparer et de maîtriser un ego que l'on nourrit trop. La faim aide à le dominer, pendant qu'elle éveille le cœur.
4. Celui qui est rassasié risque d'être sans pitié et sans compassion, et de ne pas comprendre l'état de l'affamé. Trop manger endurcit le cœur – s'il ne le tue.
5. Celui qui maîtrise sa colère est serein. La faim brise le désir de commettre un péché et empêche de faire le mal. Faire le djihad (c'est-à-dire lutter) contre son moi charnel par la faim et la soif, c'est faire le djihad sur le sentier de Dieu.

---

[127] Afifi, Z.E.M.: *Daily practices, study performance and health during the Ramadan fast*. J of Royal Society for Health, 117 (4): 231-5, 1997.

6. Celui qui mange beaucoup dort beaucoup; il gaspille sa vie en dormant. L'excès de sommeil est un obstacle aux gains de ce monde et de l'autre. La faim garde les nerfs éveillés et vifs, tandis que la satiété rend la lecture, la compréhension et la mémorisation plus difficiles.
7. Manger beaucoup et s'offrir un embonpoint est très nuisible. Le Messager de Dieu a dit un jour à un homme qui avait un gros ventre: «Il aurait mieux valu que ce surplus se trouve ailleurs.»

   Apprendre à boire et à manger précède l'apprentissage de l'adoration. Celui qui a un corps sain trouve la tranquillité dans ce monde, et peut-être aussi dans l'autre monde, car le corps sain permettra d'être actif dans la bonne voie. Pour le bonheur dans les deux mondes, il faut ne pas penser à son estomac, ne pas manger tant que l'on n'a pas faim, et cesser de manger avant d'être rassasié. Le savoir et l'action s'obtiennent en mangeant peu, la pureté du cœur en dormant peu, et la sagesse en parlant peu.
8. Manger peu est une force, manger beaucoup une faiblesse. Les nobles serviteurs de Dieu dormaient peu, mangeaient peu et buvaient peu. L'excès de nourriture rend somnolent et paresseux, et avec l'excès de sommeil, ils sont tous deux sujets de gaspillage et de remords. Quiconque mange peu est à même de garder les yeux du cœur grand ouverts.
9. Manger peu, c'est un arbre fruitier, un remède pour les cœurs malades. Manger peu, c'est tuer les pulsions négatives, rasséréner le cœur, sourire dans l'au-delà. Manger peu, c'est voir s'ouvrir dans son cœur les portes de la sagesse, s'écouler de sa bouche perles et coraux. Manger beaucoup, c'est une famine pour l'esprit, un handicap pour l'intellect, un ennemi, une source de remords pour le glouton.
10. Manger peu, c'est un nettoyage, une ouverture de l'esprit. Manger beaucoup, dormir beaucoup, parler beaucoup, c'est faire souffrir le cœur, gonfler le ventre, tuer le cœur qui ne revivra que quand la faim reviendra. Qui mange beaucoup

dort beaucoup, qui dort beaucoup parle beaucoup, qui parle beaucoup est privé des bénédictions. Le gros mangeur torture son estomac, et l'estomac torturé torture le mangeur. Peu manger, c'est une prison pour le moi charnel, un jardin de roses pour le cœur. Être glouton, c'est devenir oublieux, grincheux et grognon.

11. Qui poursuit sans cesse l'idée de manger, asservit sa raison à ses bas instincts. Être l'esclave de son estomac fait perdre raison et conscience. Quiconque rivalise de manger peu, a fait le premier pas pour se rapprocher de Dieu. Qui mange trop devient ogre, et son cœur une tombe.

QUELLES SONT LES SAGES RAISONS BIOLOGIQUES DU JEÛNE ?

Nous pouvons classifier comme suit les catégories d'effets du jeûne sur notre santé:

1. Le système digestif
2. Le système circulatoire
3. Les cellules
4. Le système nerveux

A. L'effet du Jeûne Sur le Systeme Digestif

Le système digestif, qui est constitué d'organes comme la bouche, les glandes salivaires, la langue, le pharynx, l'œsophage, l'estomac, le gros intestin, le foie et le pancréas, fonctionne comme un ordinateur sophistiqué. Ce système automatique s'use facilement parce qu'il travaille 24 heures sur 24 et qu'il subit la nervosité et une mauvaise alimentation.

Le système digestif des jeûneurs se repose un mois par an. L'effet le plus miraculeux du jeûne se réalise sur le foie. Celui-ci a, en plus de son rôle dans la digestion, 15 autres fonctions. C'est pourquoi année après année il s'abîme davantage, et les sécrétions de la bile peuvent détériorer ses autres fonctions.

Pendant le jeûne, le foie a droit à un repos de 4 à 6 heures. Les régimes autres que le jeûne ne sont donc pas suffisants, car même la pénétration d'une matière de 10 grammes seulement dans un système aussi précis qu'un ordinateur suffit à le mettre en marche. On peut donc dire que le foie ne peut vraiment se reposer qu'avec le jeûne.

Le jeûne aide aussi le foie à travers la chimie sanguine. L'une des fonctions les plus importantes du foie est de tenir en équilibre les aliments consommés et les aliments éliminés. Pendant le jeûne, étant donné qu'aucune nourriture ne pénètre le corps pendant la journée, le foie n'a pas à faire son travail habituel de stockage des aliments. Pendant ce temps de repos, il peut donc mieux préparer les globines qui sont d'une importance vitale pour le corps. Et c'est ainsi que notre système immunitaire se renforce.

Le jeûne n'a que des effets très positifs sur l'estomac. Dans toutes ses sécrétions, l'estomac n'émet que des sécrétions conditionnelles (c'est-à-dire qu'elles ne s'enclenchent que s'il y a stimulation). C'est pourquoi lorsqu'on a faim, il y a un dépôt de sécrétions, mais quand on jeûne, ces sucs digestifs ne sont plus présents, car dès qu'on fait vœu de jeûner, cette stimulation s'arrête, et donc la sécrétion de sucs s'arrête aussi. Ainsi, les muscles et les cellules sécrétrices peuvent être au repos pendant tout le Ramadan. Un estomac en bonne santé et qui fonctionne bien fera une digestion réussie après le repas de l'iftar.

Le jeûne est aussi une occasion de repos pour les muscles et les cellules sécrétrices des intestins. Au-dessous de la surface intérieure des intestins se trouvent les plaques Payer qui ont une part importante dans notre système immunitaire. Grâce au jeûne, ces plaques passent par un entretien complet. De cette manière, nous devenons plus résistants contre toutes les maladies liées au système digestif.

B. Les Bienfaits du Jeûne Sur le Système Circulatoire

En état de jeûne, notre volume de sang diminue tout au long de la journée. Ce phénomène permet le soulagement du cœur. Plus important encore, la diminution d'eau entre les cellules entraîne la baisse de la pression du tissu cellulaire – qu'on appelle couramment la petite tension (diastolique). Celle-ci est constamment basse, ce qui repose le cœur.

L'un des effets les plus importants du jeûne se constate sur les vaisseaux sanguins. Les résidus alimentaires qui n'ont pas été éliminés peuvent user et détériorer ces vaisseaux. Or pendant le jeûne, et surtout en fin de journée, avant la rupture du jeûne, tous les aliments sont éliminés et il ne reste aucun résidu. Ainsi, la graisse et autres résidus similaires ne bouchent pas les artères. Le jeûne contribue donc à se protéger de l'artériosclérose.

Quant aux reins, qui font partie du système circulatoire, ils se reposent également pendant le jeûne, recouvrent leur santé et deviennent plus performants.

C. L'effet du Jeûne Sur les Cellules

Le phénomène qui influe le plus sur les cellules est la stabilisation du niveau d'eau entre les cellules et à l'intérieur de celles-ci. Quand nous jeûnons, ce niveau descend au plus bas et provoque un relâchement des fonctions cellulaires. Les cellules épithéliales, chargées d'émettre constamment des sécrétions dans notre corps, peuvent enfin se détendre pendant le jeûne et fonctionner de façon plus efficace.

D. L'effet Du Jeûne Sur Le Système Nerveux

Les ablutions et le jeûne ont tous deux un effet très positif sur le système nerveux. Le repos de toutes les glandes internes du système nerveux, grâce au jeûne, entraîne le repos du système nerveux. Au niveau psychologique, le jeûne procure aussi une détente du système nerveux grâce au plaisir pris par l'acte d'adoration (par l'intention et le sentiment de faire quelque chose pour Dieu) et à la sérénité obtenue dans le subconscient. Ainsi, le système nerveux est renforcé et plus efficace.

La structure du sang: chaque fois que le corps a besoin de sang, un réflexe avertit la moelle osseuse. Celle-ci est le lieu où est produit le sang. Lors du jeûne, les nutriments qui se trouvent dans le sang étant au niveau le plus bas, la moelle osseuse est stimulée et la production de sang déclenchée. Parce que le foie est bien reposé pendant le jeûne, il est plus à même de préparer les éléments nécessaires pour la production de sang.

Grâce à toutes les sages raisons biologiques du jeûne, les personnes maigres prennent du poids pendant le jeûne, tandis que les personnes en surpoids perdent des kilos. Maintenant, rappelons-nous une fois de plus la fin du verset 184: *Mais il est mieux pour vous de jeûner; si vous saviez!* Soyons plein de gratitude face au miracle divin du saint Coran.[128]

EST-CE QUE LES DIABÉTIQUES PEUVENT JEÛNER ?

Beaucoup de diabétiques jeûnent pendant le Ramadan sans hésiter ou sans penser un seul instant à leur maladie. Les spécialistes de la médecine qui savent que le jeûne est une obligation religieuse et qui ont conscience de la responsabilité spirituelle qu'engendre le fait de ne pas jeûner, peuvent parfois avoir du mal à répondre aux patients diabétiques qui leur demandent conseil à ce propos. Le jeûne risque de causer des troubles tels que l'hypoglycémie (chute dangereuse du taux de glucose dans le sang) chez le malade sévèrement atteint du diabète. Et l'hypoglycémie peut provoquer d'autres complications.

D'autre part, il est indéniable que le jeûne du Ramadan étant un commandement divin, le croyant qui le pratique obtient un plaisir spirituel et une sérénité par le fait même d'obéir à Dieu.[129]

L'on sait depuis longtemps que le stress a une mauvaise influence sur les reins: il augmente la sécrétion de catécholamine et par suite, augmente aussi le taux de glucose du sang. Par conséquent, tout ce qui diminue le stress, comme le jeûne et la paix spirituelle qu'il engendre, permet de contrôler le taux de glucose. Ainsi le jeûne a-t-il des bienfaits même pour les diabétiques.

---

128 Haluk Nurbaki, oncologue, "Kur'an-i Kerim'den Ayetler ve Ilmi Gerçekler" (Versets et Vérités Scientifiques Du Saint Coran)

129 Athar S.: *Health Concerns for Believers Contemporary Issues*.

QUELS SONT LES DIABÉTIQUES QUI PEUVENT JEÛNER ?

Les diabétiques qui ont les caractéristiques suivantes peuvent jeûner pendant le Ramadan:[130]

1. Les hommes diabétiques de plus de 20 ans peuvent jeûner (c'est-à-dire qu'il faut que ce soit une catégorie de diabète qui n'apparaisse qu'à l'âge adulte).
2. Les femmes diabétiques de plus de 20 ans qui ne sont pas enceintes et qui n'allaitent pas.
3. Les diabétiques qui ont un poids normal ou légèrement au-dessus de la moyenne.
4. Les patients qui ne souffrent pas de variations du taux de glucose dans le sang, d'hypoglycémie, de cétose (hausse dans le sang des formes de cétone suivantes: acétone, acide acéto-ascétique et acide bêta hidroxi-biturique) et d'infections.
5. Les patients qui ne souffrent pas d'une seconde grave maladie comme l'hypertension (200/120 mm Hg), les maladies cardio-vasculaires, les calculs rénaux, les maladies pulmonaires obstructives chroniques, etc.
6. Les patients dont l'organisme est sensible et réagit au régime prescrit par le médecin.
7. Les patients qui sont traités avec des médicaments (c'est-à-dire que leur corps doit pouvoir répondre à un traitement médical).

QUELS CONSEILS DONNER AU JEÛNEUR DIABÉTIQUE ?

Les diabétiques non-dépendants à l'insuline qui veulent jeûner peuvent le faire à condition de rester sous contrôle médical et de suivre les conseils suivants:

1. Suivre un régime alimentaire très strict et prendre des doses de médicaments suffisantes pour maintenir le niveau de glucose

[130] Athar S, Habib M.: *Management of Stable Type 2 Diabetes Mellitus (NIDMM) During Islamic Fasting in Ramadan.* Compte rendu du Ier Congrès International sur la Santéet le Ramadan. p. 203, Casablanca, 1994.

dans le sang. Par exemple, il faut vous efforcer de réduire votre taux de gluco-hémoglobine à 7 mg/dl (100 cm^3). Votre taux de glucose dans le sang à jeun doit être inférieur à 150 mg/dl et votre taux de glucose dans le sang en temps ordinaire doit être de 250 mg/dl.

2. Faire un essai avant le mois de Ramadan en jeûnant pendant 1 ou 2 jours avant de décider de jeûner.
3. Suivre scrupuleusement le régime alimentaire prescrit. Eviter les aliments riches en glucides et en lipides. Essayer de ne pas trop manger pendant les repas du sohour et du soir.
4. Rompre le jeûne avec une ou deux dattes ou un verre de jus de fruit, dès que le temps de l'iftar est venu.
5. Mesurer son taux de glucose dans le sang avant de manger, puis prendre ses médicaments. Ensuite, prendre son repas du soir, dont les calories doivent être en accord avec le régime suivi.
6. Ne jamais manquer le repas du sohour.
7. Mesurer le taux de glucose dans le sang avant la prière de la nuit. S'il est supérieur à 250 mg/100 cm^3, le repas de l'iftar du lendemain soir devra être diminué de 20%.
8. Après la prière de tarawih, prendre un léger repas qui ne dépasse pas 100 calories.
9. Mesurer le taux de glucose dans le sang avant le repas du sohour. S'il est supérieur à 250 mg/100 cm^3, le petit déjeuner doit être diminué de 20%. S'il est supérieur à 350 mg/100 cm^3, il faut cesser de jeûner.
10. La déshydratation peut causer une céto-acidose diabétique (augmentation des cétones dans le sang). Il faut donc boire au moins deux verres d'eau avant de commencer à jeûner.
11. Pendant le jeûne, ne pas interrompre ses activités physiques quotidiennes. Ne pas passer son temps à dormir. L'après-midi, à condition que l'heure de l'iftar se soit rapprochée, vous pouvez faire 10-15 minutes d'exercice léger.

12. Si pendant le jeûne un état hypoglycémique est ressenti, contrôler immédiatement son taux de glucose. Si ce taux est au-dessous de 50 mg/dl, rompre tout de suite le jeûne.
13. Les principaux symptômes de l'hypoglycémie sont:
    - beaucoup de transpiration et de tremblement
    - battements de cœur accélérés (palpitations)
    - étourdissements et évanouissements
    - manque de concentration
    - nervosité, hypersensibilité et anxiété
    - peau froide et moite.

LE JEÛNE A-T-IL DES EFFETS POSITIFS SUR LES REINS ET L'URETÈRE ?

Les recherches effectuées dans le département d'urologie de la Faculté de Médecine de l'Université d'Al Azhar au Caire ont donné des résultats similaires. 70 personnes ayant des calculs rénaux ou une infection microbienne dans l'uretère ont été examinées. Diverses analyses de sang et d'urine ont été faites sur ces sujets, quand ils jeûnaient et quand ils ne jeûnaient pas. Voici le résumé des résultats:

1. Le jeûne fait pendant le Ramadan par des patients qui ont des calculs dans les voies urinaires ou dans les reins, ou qui souffrent d'infections urinaires, n'entraîne pas de changements dans les quantités de calcium, de potassium, d'acide urique et de créatine dans le sérum.
2. Les quantités de calcium et d'acide urique présentes dans l'urine ont baissé pendant le jeûne, ce qui est très positif.
3. Les malades qui ont une infection (contagieuse) dans les voies urinaires ont vu leur taux de calcium diminuer.
4. Le taux de sodium dans l'urine des jeûneurs souffrant de calculs rénaux a augmenté. Cette augmentation est positive, car elle constitue un obstacle à la formation de calculs. Celle-ci étant pourtant un phénomène complexe, l'abondance d'urine est un facteur protecteur. Donc, pour éviter d'avoir peu d'urine très concentrée, le malade jeûnant doit rattraper

le manque de prise d'eau de la journée, le soir, après l'iftar et au moment du sohour.

5. Lors des périodes aiguës des infections rénales (pyélonéphrite fiévreuse) ou de la colique rénale qui s'accompagne de vomissements, le malade doit rompre son jeûne. Il rattrapera son jeûne plus tard, quand il ira mieux.
6. Pour les malades qui n'arrivent pas à uriner ou qui urinent très peu, il leur est profitable de s'abstenir de tout aliment, liquide ou solide. Comme dans beaucoup de maladies liées au système urinaire, les malades vont mieux si pendant la phase finale de leur maladie ils suivent un régime très strict.

Tout cela montre une fois de plus la véracité des versets du Coran: *Mais il est mieux pour vous de jeûner; si vous saviez!* (2/184)

LE JEÛNE A-T-IL QUELQUE AVANTAGE POUR LE CŒUR ?

Notre cœur est chargé, à chaque rétraction du ventricule gauche, de pomper 80 cm^3 de sang dans notre corps via l'aorte. Cela fait 5,5 litres de sang par minute, ce qu'on appelle le volume de battements par minute. Ce volume augmente de 30-40% après manger, en raison de l'envoi supplémentaire de sang au système digestif. Après un repas copieux, le volume de battements par minute peut s'élever jusqu'à 7-7,5 litres de sang. L'absorption d'aliments exerce donc une pression sur le cœur.

Le volume sanguin qui passe par les intestins est de 500 cm^3 par minute au repos. Après manger, ce chiffre augmente de 50 à 300%. Ainsi, après le repas, le volume de sang qui passe par les intestins peut s'élever jusqu'à 1 ou 1,5 litres. À la suite du repas, on se sent souvent lourd et somnolent. Cela est dû au fait que beaucoup de sang afflue vers l'estomac et les intestins, et en conséquence, moins de sang va vers le cerveau.

Pendant le jeûne, surtout l'après-midi, le cœur bat plus aisément car il n'est plus sous pression. Le cœur d'un jeûneur bat en moyenne 15 000 fois moins en une journée. Un cœur qui se repose plus est un cœur plus fort.

En cardiologie, ce résultat peut être obtenu par les médicaments bêtabloquants. Sous l'effet de ces médicaments, le cœur travaille moins, même quand le corps en a besoin. En un sens, le jeûne permet d'obtenir le même résultat. Si l'individu parvient à acquérir l'habitude de manger peu pendant le Ramadan, et continue à pratiquer cela le reste de l'année à la façon du Messager de Dieu, il sera moins sujet à des troubles cardiaques.

PEUT-ON JEÛNER QUAND ON SOUFFRE DE MALADIES CARDIAQUES OU D'ASTHME ?

Ceux qui ont des maladies cardiaques coronaires, c'est-à-dire qui ont des problèmes liés aux artères qui alimentent le cœur, peuvent se permettre de jeûner. Dans ce cas, ils doivent utiliser des betabloqueurs, des bloqueurs de calcium dans les canaux et des nitrates, car ils ont des effets de longue durée qui facilitent le jeûne.

La crise cardiaque: c'est un phénomène critique où l'une des artères corogènes qui nourrit le muscle cardiaque se bouche subitement ou devient très étroit, et entraîne la mort d'une partie du muscle cardiaque. Mais avant une telle crise, un mal appelé angine pectorale (douleurs au niveau du cœur et de la poitrine) apparaît. Lors d'une crise soudaine et d'une douleur aiguë insoutenable, le jeûne peut être rompu.

L'asthme: c'est une maladie qui se caractérise par des crises violentes à intervalles réguliers, la toux, l'expectoration et les troubles de la respiration. Les voies respiratoires de l'asthmatique sont hypersensibles aux éléments irritants et deviennent excessivement étroits. C'est à ce moment-là que surgit la crise.

Le jeûne ne nuisant pas aux asthmatiques, ceux-ci n'ont pas de raison de ne pas jeûner. Ils doivent prendre des médicaments qui ont des effets de longue durée. Mais en cas de crise d'asthme, le jeûne doit être rompu.[131]

---

[131] Özyazıcı, *Din ve Bilimin Işığında Oruç ve Sağlık*, pp. 169-170.

EST-IL VRAI QUE LE JEÛNE EST UNE SOURCE DE RENOUVELLEMENT POUR LE CORPS ?

Le célèbre homme de sciences Alexis Carrel, qui a obtenu le Prix Nobel de la médecine en 1940, a écrit dans son livre intitulé *L'Homme, cet inconnu*, que pendant le jeûne, les nutriments qui ont été stockés dans l'organisme s'éliminent, puis de nouveaux nutriments viennent les remplacer, ce qui entraîne un renouvellement dans tout le corps. Il ajoute que cela s'avère très utile pour la santé. Il continue en notant que pendant le jeûne, c'est surtout le système nerveux qui se repose; le bonheur qu'apporte l'accomplissement d'un acte d'adoration supprime quasiment toutes les tensions et nervosités qu'il y a en nous. Le stress, qui est l'un des plus grands problèmes de notre époque, s'efface ainsi en grande partie.[132]

QUELQUES CONSEILS POUR LA SANTÉ DU JEÛNEUR

Ce que nous allons manger tout le long du Ramadan ne doit pas être trop différent de ce que nous consommons habituellement, et doit être, tant que possible, composé de plats simples. Notre nourriture doit pouvoir nous aider à préserver notre poids normal. Toutefois, pour celui qui a des kilos en trop, le Ramadan est le moment idéal pour les perdre.[133]

Quand nous jeûnons pendant les journées les plus longues de l'année, il faut préférer les aliments qui se digèrent lentement, y compris les produits riches en fibres (céréales comme l'orge, le blé, l'avoine, le millet, la semoule, les haricots, les lentilles, la farine, le riz, les graines, etc.). On les appelle les glucides complexes. Ils se digèrent en 8 heures, tandis que les aliments à digestion rapide (contenant sucre, farine blanche, etc.) se digèrent en 3-4 heures. On les appelle les glucides raffinés.

Les aliments riches en fibres sont: le son, la farine de blé complet, les céréales, les graines, les haricots verts, les petits pois, les poi-

---

[132] Nurbaki, *Kur'an-ı Kerim'den Ayetler ve İlmi Gerçekler*, p. 98.

[133] Haffejee F: *Some Health Guidelines for Ramadan*. Compte rendu du IIe Congrès International sur la Santéet le Ramadan. p. 86, Istanbul, 1997.

vrons, les épinards, le persil, les bettes (riches en fer), les fruits avec la peau, les abricots secs, raisins secs, pruneaux, amandes, etc.

Y A-T-IL UN MAL À MANGER DES ALIMENTS FRITS PENDANT LE RAMADAN ?

Il faut veiller à manger des repas équilibrés, c'est-à-dire à consommer en quantité raisonnable des produits appartenant à toutes les catégories d'aliments (fruits, légumes, viandes, volaille, poissons, pain, produits laitiers). Les fritures sont mauvaises pour la santé. Elles peuvent entraîner l'indigestion, les aigreurs d'estomac, la sensation de brûlure dans la gorge et prise de poids.

Tant que possible, il faut s'abstenir des fritures et des aliments très gras. Eviter aussi les desserts très sucrés. Il est préférable de manger des fruits, des légumes, de la viande, du poulet, du poisson, du pain et des produits laitiers afin d'avoir un régime alimentaire équilibré et sain pendant le Ramadan. Ne pas boire beaucoup de thé pendant le sohour, car il a des vertus diurétiques; ce qui évacuerait les sels minéraux dont le corps a besoin dans la journée. Ne pas se forcer à trop manger pendant le sohour.

QUE DOIVENT FAIRE LES FUMEURS PENDANT LE RAMADAN ?

Pour les fumeurs, commencer dès plusieurs semaines avant le Ramadan à diminuer les quantités de cigarettes par jour. Chacun sait que fumer est dangereux pour la santé et qu'il faut arrêter cela tout de bon. Rappelons que certaines personnes devenues dépendantes réussissent à arrêter de fumer pendant le Ramadan. Cela est tout à fait possible avec un peu de patience et d'efforts.

QUE MANGER LORS DES REPAS DU SOHOUR ET DE L'IFTAR ?

Manger des produits contenant de la farine pendant le sohour, car ils aident à tenir le coup. La viande est une grande source de protéines qui se digère assez tard. Ceux qui ont du mal à résister à la faim choisiront de manger de la viande pour le sohour.

La datte est une source extraordinaire de glucose, de fibres, de glucides, de potassium et de magnésium. L'amande contient peu de lipides, est riche en protéines et en fibres. La banane offre une grande quantité de potassium, de magnésium et de glucides. De l'iftar jusqu'au coucher, boire beaucoup d'eau, du jus de fruit ou manger des fruits. Ces aliments seront utiles pour le maintien d'un certain niveau d'aliments liquides et solides dans le corps.

QUE FAIRE LORS DES PETITS MALAISES ?

La constipation: ce malaise est lié aux hémorroïdes et aux fissures, et donne une sensation de ballonnement. Parmi ses causes se trouvent une consommation excessive d'aliments raffinés et une alimentation insuffisante en fibres et en liquides. Il faut donc manger des aliments riches en fibres comme le pain au son au lieu d'aliments raffinés, et boire beaucoup.

L'indigestion et les gaz: ils sont souvent dus à la consommation de fritures et d'aliments gras, de plats très épicés, d'œufs, de choux, de lentilles, etc. et de boissons gazeuses. Notre conseil: manger peu, éviter les fritures et les aliments provoquant les gaz, boire du jus de fruits ou mieux, de l'eau en grande quantité.

Somnolence et hypotension: les symptômes d'une tension basse (hypotension) sont: excès de transpiration, faiblesse, fatigue, manque d'énergie, étourdissements, pâleur, répulsion à travailler, voire évanouissement. Ces états s'observent parfois pendant le jeûne, surtout dans l'après-midi.

Les raisons peuvent être le manque d'absorption d'eau et la baisse du niveau de sel dans le corps. Dans une telle situation, le jeûneur doit se reposer dans un endroit frais, consommer beaucoup d'eau et de sel lors de l'iftar et du sohour. Quand les symptômes susmentionnés sont présents, il faut mesurer la tension avec l'appareil adéquat. Si la tension est exceptionnellement basse, le jeûne doit être rompu. Quant à ceux qui ont une tension trop élevée, ils doivent demander l'avis de leur médecin et suivre un traitement organisé autour de l'iftar et du sohour.

Maux de tête: les maux de tête, ainsi que la perte de sommeil et la faim, surviennent surtout chez les personnes dépendantes au café et à la cigarette, notamment pendant les premiers jours du Ramadan. La journée de ces jeûneurs se passe relativement bien. C'est le soir, vers l'iftar, que le mal se fait sentir. Quand le mal de tête est dû à l'hypotension, il peut devenir très sévère, voire donner la nausée.

Notre conseil: essayer de diminuer peu à peu les doses de café et de cigarettes pendant les semaines précédant le Ramadan. Le café doit être remplacé par des boissons sans caféine comme les tisanes et autres infusions, ainsi que le thé. Réorganiser son programme de sommeil pendant le Ramadan afin de pouvoir dormir suffisamment.

Hypoglycémie: c'est-à-dire un taux de glucose très bas dans le sang, peut entraîner des symptômes comme la perte de poids, les étourdissements, la fatigue, la perte de concentration, une tendance à transpirer plus souvent, une sensation de tremblement, une incompétence dans les activités physiques, des maux de tête et des palpitations.

La cause semble être la consommation excessive de glucides et d'aliments raffinés, notamment lors du sohour. Suite à cela, le corps sécrète de l'insuline en abondance, ce qui provoque la baisse du taux de glucose dans le sang.

Notre conseil: ces personnes doivent prendre, en quantités limitées, des boissons et des aliments contenant des glucides. Quant aux diabétiques lors du Ramadan, ils doivent suivre les conseils de leur médecin traitant.

Les crampes: elles sont dues à un déficit de calcium, de magnésium et de potassium dans l'alimentation.

Notre conseil: lors du sohour et de l'iftar, consommer en grande quantité des aliments qui contiennent beaucoup de ces minéraux, à savoir les fruits et légumes, les produits laitiers, la viande, les dattes, etc.

L'ulcère peptique, les brûlures d'estomac, la gastrite et la hernie hiatus: ce genre de malaises peut s'aggraver pendant le Ramadan. Ils peuvent créer une sensation de brûlure dans la région de l'estomac, sous les côtes, et remonter jusqu'à la gorge. Les aliments épicés, le café et les boissons gazeuses peuvent empirer la situation.

Un traitement médical adéquat peut contrôler le niveau d'acidité de l'estomac. Les personnes soufrant d'ulcère peptique et de hernie hiatus doivent consulter leur médecin avant le Ramadan.

Les calculs rénaux: ils apparaissent plus souvent chez les individus qui absorbent peu de liquides. Donc, ceux dont l'organisme est propice à la formation de calculs doivent boire beaucoup de liquides pendant le sohour et l'iftar.

Les douleurs articulaires: pendant toutes les nuits du Ramadan, nous prions la prière de la nuit et de tarawih, ce qui fait en tout 33 rakât. Cela n'est pas un problème pour les personnes en bonne santé, au contraire, même si ça n'est pas l'objectif visé, ces prières constituent une forme d'exercice physique qui est bienvenu après le repas de l'iftar. Mais chez les personnes âgées et surtout chez ceux qui souffrent de douleurs et d'infection articulaires, cet exercice peut être mal vécu, avec des douleurs, dureté et enflure au niveau des genoux.

Si ces individus ont un poids élevé, ils doivent perdre des kilos car les jointures des genoux sont très sensibles au surpoids. Avant le Ramadan, il faut se préparer physiquement en faisant des mouvements avec les pieds, afin de pouvoir tranquillement accomplir les longues rakât de prière du Ramadan.

Si toutefois ces individus ont de sérieux problèmes aux genoux, c'est-à-dire qu'ils n'arrivent pas à les plier normalement, ils ont le droit de prier en position assise. Certes, Dieu ne demande aux gens que ce qu'ils ont la capacité de faire[134]: *Dieu veut pour vous la facilité, Il ne veut pas la difficulté pour vous.* (2/185)

---

[134] Alpaslan Özyazıcı, *Din ve Bilimin Işığında Oruç ve Sağlık*, pp. 173-176.

Chapitre 7

Quelques Questions et Réponses

QUELQUES QUESTIONS ET RÉPONSES

EST-IL CORRECT DE JEÛNER SANS ARRÊT PENDANT LES TROIS MOIS DE RADJAB, CHABAN ET RAMADAN ?

En islam, il n'y a que le Ramadan qui soit un jeûne déterminé dans le temps. En dehors de cela, on ne trouve pas de «jeûne de 3 mois» dans les sources sacrées. Il est vrai qu'il est conseillé au musulman de jeûner beaucoup pendant les deux mois précédant le Ramadan (Radjab et Chaban), mais rien dans nos références sacrées n'indique qu'il faille jeûner pendant la totalité de ces deux mois. D'après Aïcha, le Prophète n'a jamais jeûné pendant un mois complet en dehors du mois de Ramadan. Le mois où il a le plus jeûné est celui de Chaban.[135]

De nos jours, certains jeûnent pendant 3 mois consécutifs (Radjab, Chaban et Ramadan) 7 années durant, puis abattent un animal en sacrifice. Un tel acte d'adoration n'existe pas en islam et est jugé comme étant une *bid'a* (innovation religieuse). Le croyant, en pensant obtenir des mérites à travers un tel jeûne, risque au contraire de commettre un péché.

La vie du Messager de Dieu est un parfait exemple pour les croyants, car il a mené une vie qui est en parfaite harmonie avec le but de la création et la nature de l'humanité. Bien qu'il voulût adorer davantage, il marchait en fonction des pas des plus faibles et présentait un modèle d'adoration modéré tel que personne ne pût le trouver difficile. Il a d'ailleurs averti ceux qui voulaient toujours en faire davantage: «Le plus pieux et le plus proche de Dieu parmi vous, c'est moi; et moi je prie et parfois je dors, je jeûne et parfois

---

[135] Muslim, Siyam 175, 176.

je mange.»[136] En effet, c'était un homme mesuré et pondéré. Or il lui arrivait de jeûner plusieurs jours sans prendre le repas de l'iftar (jeûne *wissal*). Mais quand ses Compagnons ont voulu l'imiter sur ce point, il les en empêcha en attirant leur attention sur le fait que lui était nourri par Dieu. Les croyants doivent pratiquer la modération dans tous leurs actes d'adoration. Le dernier conseil donné par le Messager pour ceux qui voudraient jeûner davantage est de faire le jeûne du Prophète David,[137] c'est-à-dire de jeûner un jour sur deux. Notre noble Prophète n'a jamais permis de faire plus que cela.

EXISTE-T-IL UN JEÛNE DE 10 JOURS AVANT LA FÊTE DU SACRIFICE ?

Nous ne trouvons aucune parole prophétique à ce propos dans les hadiths authentiques, rien qui prouve que le Prophète ait pratiqué un tel jeûne. Seul un hadith faible (*dhaîf*) qui semble être rapporté par Hafsa, épouse du Prophète, dit: «Il y a 4 choses que le saint Prophète n'a jamais abandonnées: le jeûne de l'Achoura, les 10 premiers jours du mois de Dhul-Hijjah, 3 jours de jeûne par mois, et 2 rakât avant la prière de l'aube.»[138] A part le jeûne de Dhul-Hijjah, les autres éléments sont confirmés par des hadiths authentiques.

D'ailleurs, d'après Abou Houraïra: «Le Messager de Dieu a interdit de jeûner le jour de Arafa (veille de la Fête).»[139] Cependant, certains experts en hadiths ont jugé que cette interdiction ne valait que pour les pèlerins, par crainte qu'ils ne puissent pas accomplir le pèlerinage correctement par manque de force. Quant à ceux qui ne sont pas des pèlerins, certains légistes islamiques citent ce hadith: «Il est à espérer que le jeûne accompli lors du jour de Arafa vaut pour une expiation des péchés de l'année précédente et de l'année suivante»[140], pour démontrer qu'il est méritoire de jeûner ce jour-là.

---

[136] Bukhari, Nikah, 1.
[137] Muslim, Siyam 189.
[138] Ahmad ibn Hanbal, Musnad, 6/287; Nasai, Siyam, 83.
[139] Ahmad ibn Hanbal, Musnad, 6/287.
[140] Muslim, Siyam, 197.

En résumé, le jeûne des 10 premiers jours de Dhul-Hijjah n'est pas présent dans les hadiths authentiques. Par conséquent, même si le croyant gagnait des mérites en jeûnant pendant cette période, il n'est nullement possible de déclarer que cela serait sounna ou *wâdjib* (nécessaire).

Y A-T-IL UN INCONVÉNIENT À UTILISER UN MISWAK PENDANT LE JEÛNE ?

Les experts en jurisprudence islamique ont beaucoup insisté sur le fait de s'abstenir de tout ce qui pourrait rompre le jeûne. Même si en soi le miswak n'est pas nuisible, lors de son utilisation, il est possible d'en avaler quelques petits morceaux. Il est donc préférable de s'en abstenir. À ce propos, certains ont fait des distinctions entre son utilisation sèche ou tendre, le matin ou l'après-midi. D'après eux, seule son utilisation sèche le matin est licite,[141] alors qu'en fait, les éléments qui peuvent être cause de rupture de jeûne sont présents dans les quatre cas. Par suite, il est recommandé de ne pas du tout se nettoyer les dents avec le miswak durant le jour.

COMMENT CONVIENT-IL DE MANGER SELON LA SOUNNA DU PROPHÈTE ?

Comme dans tous les domaines, le Messager de Dieu est aussi le meilleur modèle en ce qui concerne le boire et le manger. Aïcha, Mère des croyants, rapporte que le Messager a dit: «L'Envoyé de Dieu n'a pas mangé pendant trois jours d'affilée. S'il avait voulu, il aurait mangé. Or il préférait nourrir les pauvres et rester le ventre vide.»[142]

Abou Karima rapporte: «J'ai entendu le Prophète dire: 'Le fils d'Adam[143] n'a jamais rempli récipient plus néfaste que son ventre. Quelques bouchées suffisent amplement à le tenir debout. Si jamais il se trouve dans une situation où il est obligé de manger, qu'il rem-

---

141 Zuhayli, 2/637; Ibn Kudama, al-Mughni, 1/110.
142 Ibn Maja, At'ima, 48.
143 Signifiant l'être humain.

plisse 1/3 de son ventre avec de la nourriture, 1/3 avec de la boisson et 1/3 avec de l'air.»[144]

Comme on le voit, le Messager de Dieu a conseillé de manger peu et s'est lui-même contenté de très peu. Les hadiths montrent que le Messager prenait deux repas par jour, le matin et le soir, et qu'il se levait de table avant d'être rassasié.[145]

Inspirés par la sounna du Prophète, et d'un commun accord, les savants musulmans attirent l'attention des croyants sur les inconvénients et les dangers d'une alimentation excessive. Par exemple, Ibn Sina (Avicenne) a dit: «Toutes les maladies sont dues à ce qui est mangé ou bu.» Et Imam Ghazali a dit: «Le ventre est le lieu où les malheurs et les catastrophes naissent et grandissent.» Nos savants ont déclaré que «Dieu l'Omniscient a résumé toute la médecine en un demi verset»: *Mangez et buvez, mais ne commettez pas d'excès* (7/31).

Nous pouvons donc résumer comme suit les règles alimentaires conformes à la sounna (façon de vivre du Prophète):

1. Ne pas manger avant d'avoir vraiment faim.
2. Se lever de table avant d'être rassasié, tandis qu'on a encore de l'appétit.

Le célèbre Ibn Sina a étudié le sens de ce verset: *Mangez et buvez, mais ne commettez pas d'excès, car Dieu n'aime pas ceux qui commettent des excès* (7/31) et en a déduit une interprétation dans le domaine médical: «Je rassemble la science médicale en quelques mots. La beauté d'une parole réside dans sa brièveté. Quand tu manges, mange peu. Après manger, ne mange plus rien (pendant 4 à 5 heures). La cure est dans la digestion. Mange-donc ce qui est facile à digérer. L'état le plus difficile et le plus fatigant pour l'estomac et pour l'ego, c'est manger puis remanger»[146]; c'est-à-dire que ce qui est le plus

---

[144] Ibn Maja, At'ima, 50.

[145] Canan, Ibrahim, *Hz. Peygamber'in Sunnetinde Terbiye*, (L'Education selon les Enseignements du Prophète) p. 218-220.

[146] Nursi, Bediuzzaman Said, *Le Ramadan, la Frugaliéet la Gratitude,* Risale-i Nur Külliyatı I, p. 661.

nuisible à la santé du corps, c'est de manger sans attendre 4-5 heures, ou bien de se gaver de différents mets juste pour le plaisir du palais.

Si nous nous habituons au modèle d'alimentation du Messager de Dieu, nous ne souffrirons ni de surpoids, ni des problèmes que cela engendre. Or il nous faut aussi rapporter ce hadith où le Prophète a dit:

«Le serviteur n'aura pas à rendre compte de 3 choses:

1. ce qu'il consomme pendant le sohour,
2. les grâces dont il se nourrit pendant l'iftar,
3. et ce qu'il mange avec ses frères en Dieu.»[147]

COMMENT L'HALEINE DU JEÛNEUR POURRAIT-ELLE ÊTRE PLUS AGRÉABLE QUE LE MUSC ?

La mauvaise haleine du jeûneur est due à la faim. Le Jour du Jugement, cette odeur sera aux yeux de Dieu plus douce et plus agréable que le musc et l'ambre. De même que les anges jouissent de la servitude à Dieu, ainsi ils jouissent de certaines odeurs. Ils prennent plaisir à sentir les roses et toutes les fleurs, le musc et l'ambre ainsi que toutes les belles senteurs. Dans «le monde du sens» que nous les humains ne pouvons pas voir, les belles odeurs sont comme des clés ouvrant des trésors mystérieux. L'haleine du jeûneur, d'une manière inconnue de nous, fait partie de ces belles odeurs.

Notons aussi que celui qui jeûne, surtout pendant les longues journées d'été, aura une certaine haleine causée par la faim. Cette odeur est aux yeux de Dieu plus agréable que le musc, qui est habituellement préféré par les humains. Toutefois, hâtons-nous de signaler en même temps que cela n'empêche en rien de se brosser les dents avec le miswak ou avec une brosse à dent pour empêcher une telle haleine.

---

[147] Ayni, Umdat al-Qari, 10/302.

PRÉTEXTANT QU'IL NE FAUT PAS «CACHER AUX SERVITEURS DE DIEU CE QUE L'ON NE SAURAIT CACHER À DIEU», CERTAINS ROMPENT OUVERTEMENT LEUR JEÛNE PENDANT LA JOURNÉE. EST-CE UN PÉCHÉ ?

Commettre un péché, que ce soit en secret ou en public, n'est jamais autorisé. Cependant, il faut cacher ce péché qui a été commis en suivant les pas du diable, car dissimuler un péché est bénéfique à plusieurs points de vue:

1. Si nos péchés n'ont pas été découverts, il faut s'en réjouir. Le Tout-Puissant n'aime pas que Son serviteur pèche ouvertement. Aussi notre Prophète a-t-il dit: «Si l'être humain cache son péché en ce monde, Dieu le Très-Haut cachera son péché à Ses serviteurs le Jour du Jugement.»
2. Dieu déteste davantage ceux qui pèchent ouvertement, sans nulle honte. Mais quant à ceux qui cachent leur péché avec regret, il se peut que Dieu leur pardonne parce qu'ils le cachent ainsi. Du reste, le Prophète a dit: «Que celui qui tombe dans un péché le dissimule! Qu'il garde sur lui le voile de Dieu !»
3. Si lorsque le péché est commis, la personne n'éprouve pas de honte vis-à-vis de Dieu, qu'au moins elle ait honte des gens! Elle doit cacher son péché ne serait-ce que pour empêcher les autres de jaser et de médire à son sujet! N'oublions pas qu'avoir honte d'une mauvaise action est signe de pudeur, et la pudeur est une vertu. Elle fait partie de la foi. L'impudique ne saurait avoir de religion.
4. Il faut aussi cacher son péché afin de ne pas être un mauvais exemple aux autres et de ne pas leur donner le courage de commettre également ce péché.

C'est donc pour ces raisons qu'il convient de cacher ses péchés, et qu'il faut bien sûr tout d'abord éviter de les commettre, même en secret; car les péchés sont du poison mortel. Celui qui a la foi aura très peur de commettre un péché. Cette belle parole du Prophète explique bien cela: «Le croyant voit son péché comme une montagne et craint qu'elle ne s'abatte sur lui. Quant à l'Hypocrite, il le voit comme une mouche posée sur son nez, prête à s'envoler à chaque instant.»

CERTAINS DISENT: «CEUX ET CELLES QUI NE FONT PAS LA PRIÈRE ET CELLES QUI NE SONT PAS VOILÉES NE DOIVENT PAS JEÛNER EN VAIN». EST-CE DONC QUE LE PÉCHEUR NE POURRAIT FAIRE AUCUN ACTE D'ADORATION ?

Certains font valoir le principe du «tout ou rien» et prétendent qu'il faille soit obéir à tous les commandements divins, soit désobéir à tous. Quelle grave erreur! En effet, voici le principe islamique lié à cette question: s'il y a un acte d'adoration qu'on ne peut accomplir complètement, il faut au moins ne pas abandonner le peu que l'on fait. Ce n'est pas parce qu'une personne commet quelques péchés qu'elle doit pour autant commettre tous les autres péchés. Celui qui à la fois jeûne et commet des péchés ne pourra pas récolter tous les mérites du jeûne, mais au moins dans l'au-delà, il ne lui sera pas reproché de ne pas avoir jeûné, car il aura rempli son devoir de jeûner. D'ailleurs, grâce à la bénédiction du jeûne, il se peut qu'il abandonne certains péchés.

Imam Rabbanî a dit: «C'est une grande grâce que de se repentir de tous ses péchés et de ne plus les commettre. Si cela n'est pas fait, se repentir pour certains de ses péchés est aussi une grâce. Avec la bénédiction que cela apporte, peut-être lui sera-t-il accordé de se repentir de tous ses péchés. Si la totalité d'une chose ne nous est pas donnée, du moins faut-il ne pas tout perdre.»[148]

Même si la place qu'occupe la prière prescrite est plus importante que le jeûne dans notre religion, il ne faut pas dire à quelqu'un qui ne prie pas de ne pas jeûner non plus. Au contraire, il faudrait lui dire: «Puisque tu ne pries pas, au moins pratique le jeûne.» Pour celui qui commet un énorme péché en ne priant pas, le montant de ses péchés ne fera qu'augmenter s'il ne jeûne pas. Il faut tant que

---

[148] Imam Rabbani, Maktubat Rabbani, vol. II, lettre 66.

possible minimiser le nombre de péchés. Abandonner un péché par crainte de Dieu est un signe de foi.

Si celui qui pèche jeûne et donne la zakât, il convient de lui dire: «Au moins, n'abandonne pas ces choses!» Car s'il ne fait pas non plus cela, il risque de s'éloigner pour de bon de la religion. Nous devons réjouir plutôt qu'effrayer les gens. Au lieu de les menacer et de leur faire peur, annonçons-leur de bonnes nouvelles. Dans un hadith, ceux qui désespèrent les autres de la miséricorde divine et font détester la religion sont maudits. Il faut faciliter la religion et non pas la rendre plus difficile.

Il est rapporté qu'un jeune homme se présenta au Prophète et lui dit: «Je n'arrive pas à abandonner ces 3 péchés.» Il s'agissait du mensonge, de l'adultère et de l'alcool. Le Messager de Dieu répondit: «De ces 3 péchés, abandonne le mensonge pour moi.» Le jeune accepta et repartit. Plus tard, il pensa que s'il se présentait au Messager pour dire «Je n'ai pas commis les deux autres péchés», ce serait mentir. Et s'il disait la vérité, il devrait subir les conséquences de ses actes. C'est ainsi qu'il décida d'abandonner les deux autres péchés. En effet, l'abandon d'un péché mène souvent à l'abandon d'autres péchés.

Est musulman celui qui prononce avec sa langue la *chahâdat* (attestation de foi) et la confirme avec son cœur. Quiconque commet des péchés est toujours considéré comme musulman. Il est aussi vrai que s'il ne pratique pas le *chirk*,[149] il finira par entrer au Paradis – parfois après être châtié pour ses péchés.

Il va sans dire que l'annonce de ces bonnes nouvelles ne doit pas encourager la personne vers le péché! Chaque péché entache le cœur. Dans chaque péché se trouve une voie qui mène à l'incroyance et qui peut conduire à l'Enfer éternel. Le courroux divin se cache dans les péchés, c'est pourquoi il faut éviter tous les péchés.

---

[149] C'est-à-dire l'associationnisme: accorder des associés à Dieu.

EST-IL VRAI QUE L'ON PEUT MANGER JUSQU'À CE QUE LE FIL BLANC SE DISTINGUE DU FIL NOIR AVANT QUE NE COMMENCE LE JEÛNE ?

La signification du verset suivant: *Mangez et buvez jusqu'à ce que se distingue, pour vous, le fil blanc de l'aube du fil noir de la nuit* (2/187) est: «Mangez et buvez jusqu'à ce que la lumière du jour se sépare des ténèbres de la nuit comme par un fil». Le mot arabe *khayt* est traduit par fil ou rai et signifie le début de l'aurore.

Un homme qui entendit ce verset dit un jour: «O Messager de Dieu, j'ai mis un fil blanc et un fil noir sous mon oreiller afin de distinguer le moment où le jour se sépare de la nuit, mais je n'ai tout de même pas réussi à déterminer la fin de la nuit.» Là-dessus, le Prophète expliqua: «Ces fils sont la lumière du jour et l'obscurité de la nuit.»

SE FAIRE ARRACHER UNE DENT ROMPT-IL LE JEÛNE ?

Non, mais si pendant cette opération un produit est injecté, alors le jeûne est rompu. Si vous avalez le sang qui coule de la dent, le jeûne est aussi rompu. Dans ces deux cas, seul le rattrapage de cette journée de jeûne est requis; cela n'entraîne pas l'expiation de deux mois.

LES PÉCHÉS COMME LE MENSONGE, LA MÉDISANCE ET LE REGARD VERS DES CHOSES ILLICITES ROMPENT-ILS LE JEÛNE ?

Bien qu'un hadith stipule que «Médire, colporter des commérages, prêter de faux serments et regarder avec désir un membre du sexe opposé rompent le jeûne», Imam Abou Hanifa interprète ainsi cette parole prophétique: «Ces péchés rompent les mérites du jeûne et non pas sa validité, un tel jeûne sera *makrouh*». Cela veut dire que celui qui commet ces péchés s'acquitte de son obligation de jeûner, mais n'obtiendra pas les mérites et les récompenses que le jeûne apporte. Rappelons aussi que le Prophète a dit: «Un grand nombre de jeûneurs ne gagnent de leur jeûne que la faim et la soif.»[150]

---

[150] Ahmad ibn Hanbal, Musnad, 2/441; Darimi, Rikak 12.

Le jeûne est une grâce et un dépôt confiés aux croyants. Il faut bien sûr honorer ses engagements eu égard à la chose confiée, et observer les règles et les bonnes manières qui s'y attachent afin de ne pas perdre ce dépôt. Ne pas regarder l'illicite est une chose à laquelle le croyant doit toujours faire attention, car notre Messager a dit: «Le regard vers l'illicite est comme une flèche empoisonnée de Satan. À celui qui craint Dieu et cesse de faire cela, Dieu lui accordera une foi telle qu'il en ressentira la douceur dans son cœur.»[151]

Or le jeûneur doit aussi protéger sa langue, car notre saint Prophète a dit: «Le jeûne est un bouclier contre le feu. Tant qu'il n'est pas brisé en morceaux par la médisance, il vous protègera. Que le jeûneur ne commette pas l'erreur de prononcer des paroles obscènes et mauvaises! Si quelqu'un l'importune, qu'il réponde: 'Je jeûne!'»[152] Une parole ne peut pas rompre le jeûne. Cependant, se taire pour faire le djihad contre son *nafs* (l'âme concupiscente) et méditer et évoquer les Noms de Dieu est plus apprécié et plus convenable.

De même que nous protégeons notre langue et nos yeux du péché, nous devons aussi protéger nos oreilles. Il est aussi illicite de dire une chose répréhensible que de l'écouter. Protégeons également nos mains, nos pieds et tous nos autres membres! Celui qui jeûne et qui commet des péchés avec ses membres ressemble au malade qui prend du poison au lieu de médicaments, car le péché est un poison. Il anéantit les mérites de nos actes d'adoration. Evitons donc de les anéantir en faisant des actes répréhensibles.

LES CHOSES COMME LES CRÈMES, LE ROUGE À LÈVRES, LES GOUTTES POUR LE NEZ OU LES OREILLES, LES VACCINS, LE CHEWING-GUM, LE DENTIFRICE ET LES PARFUMS ROMPENT-ILS LE JEÛNE ?

- Les crèmes, le gel, les déodorants, les gouttes pour les yeux, les produits pour le nez et la prise de sang ne rompent pas le jeûne.

---

[151] Hakim, Mustadrak, 4/349.

[152] Bukhari, Sawm, 9; Nasai, Siyam, 42; Ahmad ibn Hanbal, 2/273.

- Les injections rompent le jeûne.
- La crème épaisse appliquée dans le nez ne rompt pas le jeûne, sauf si la crème est liquide.
- Le rouge à lèvre n'a pas d'inconvénient pour le jeûne. Mais s'il est avalé, cela nécessite un rattrapage du jeûne. Les femmes qui ont l'habitude d'avaler le maquillage qu'il y a sur leurs lèvres doivent éviter de s'en mettre pendant le jeûne.
- Lorsqu'une prise de sang est effectuée à l'hôpital ou ailleurs, avant d'enfoncer la seringue et après l'avoir retirée, l'infirmière ou le médecin applique souvent de l'alcool sur la peau, à l'endroit piqué. Cela ne rompt pas le jeûne.
- Les gouttes mises dans l'oreille rompent le jeûne, tandis que celles mises dans les yeux ne le rompent pas.
- Les vaccins, comme celui de la variole avec de la teinture d'iode, faits en égratignant la peau, ne rompent pas le jeûne.
- Appliquer des liniments ou des pommades sur le corps ne rompt pas le jeûne.
- Il n'est pas permis – même si certains disent que cela est autorisé mais *makrouh* – de mâcher du chewing-gum.
- Il est *makrouh* de se brosser les dents avec du dentifrice. Mais cela est permis si c'est fait sans dentifrice. Toutefois, en raison du risque d'avaler de l'eau pendant le brossage, il vaut mieux ne pas se les brosser du tout. Si le dentifrice ou l'eau est avalé, le jeûne est rompu et doit être rattrapé.
- Inhaler les vapeurs de Ventoline ou autres produits pour l'asthme rompt le jeûne, de la même façon que l'inhalation de la fumée de cigarette.
- Il n'est pas interdit de prendre la pilule pour retarder ses menstruations afin de pouvoir jeûner pendant tout le Ramadan, mais il n'est nul besoin d'agir ainsi.
- Il n'est pas *makrouh* pour le jeûneur de sentir le musc, les roses, l'eau de rose, les fleurs et les parfums. (il ne s'agit ici que des parfums naturels; pour les autres, cela est *makrouh*.)

COMMENT FAIRE VALOIR SON TEMPS PENDANT DES PÉRIODES AUSSI SACRÉES QUE LE RAMADAN ?

Le saint Prophète a annoncé dans un hadith: «Ma communauté (*oummah*) ne sombrera jamais dans la honte et le déshonneur aussi longtemps qu'elle animera (*ihya*) le Ramadan par ses actes d'adoration.» Le mot *ihya* veut dire vivifier, rendre vivant, et en son vrai sens originel, faire valoir. L'on pourrait se demander: «Est-ce qu'une période de temps qui est en train de s'écouler est morte que l'on puisse la ramener à la vie? Et comment pourrait-on faire cela? Comment redonner vie à un «temps mort»?

Le Tout-Puissant, en manifestation de Sa miséricorde, a ponctué le temps d'arrêts (ou de stations) remplis de compassion afin que Ses serviteurs en profitent et les fassent valoir. Il faut donc aller dans ces stations spéciales et «animer» (*ihya*) ce temps avec le jeûne, la prière prescrite, l'aumône, le Coran, et enfin s'épargner le sort dont il est question dans le hadith susmentionné.

Oui, le moyen de faire valoir ce temps béni du Ramadan est de vivre pleinement ses nuits et ses journées, avec ses sohour et ses iftar, son jeûne, son aumône, son *zhikr*, ses prières *tarawih* et son noble Coran. En effet, le hadith susmentionné comporte une condition: «tant qu'elle animera (*ihya*) le Ramadan par ses actes d'adoration», et cette condition ne saurait être remplie qu'en accomplissant les actes que nous venons d'énumérer. Pour «éveiller» le Ramadan et ses nuits sacrées, nous devons faire attention aux points suivants:

1. S'efforcer – tant que possible et si notre santé le permet – d'aller à la mosquée pour effectuer chaque prière en congrégation pendant tout le mois de Ramadan. De cette manière, non seulement nous obtiendrons plus de récompenses (*thawâb*), mais aussi aurons-nous l'occasion de nous retrouver avec les croyants de notre quartier ou de notre lieu de travail, de les saluer et de respirer ensemble cette atmosphère de bénédiction.
2. Il est très important d'aller à la mosquée avec ses enfants pendant les nuits sacrées et le Ramadan afin d'éveiller leur

spiritualité. Ils pourront mieux saisir l'importance d'être en communauté, de l'entraide, de l'union et de l'unité lors de tels jours heureux.

3. Durant ces jours, chercher à rencontrer ses proches, voisins et amis, se féliciter lors des nuits sacrées, être ensemble et partager ses joies et ses peines, ses succès et ses échecs.
4. Lire et écouter le plus possible le Coran, prendre part aux assemblées de hadith et de Coran, écouter les sermons, et partager avec les gens cette atmosphère spirituelle amènent la sérénité chez les croyants. S'attacher notamment à réfléchir au sens des versets et des hadiths afin de pallier notre manque de connaissances et de s'approfondir dans ces sujets.
5. Évoquer les Noms de Dieu, se repentir, demander pardon et prier Dieu sont des choses qui renforcent la conscience de notre servitude.
6. Pendant les jours et nuits sacrés, il est plus facile au croyant d'obtenir l'agrément divin par la prière prescrite (*salât*), car celle-ci est le moment où le serviteur est le plus proche de son Seigneur. La prière est la meilleure évocation de Dieu (*zhikr*). Pendant le Ramadan, il faut donc s'appliquer, encore plus que d'habitude, à faire cet acte d'adoration si complet.
7. Il faut prier Dieu avec sincérité et ferveur pour qu'Il protège la nation dans laquelle on vit, pour l'unité et la sécurité du peuple, pour la paix dans son pays, dans la communauté musulmane et sur toute la terre. Une telle compréhension aide à gagner la conscience d'être un individu utile à la société humaine.
8. Il nous faut revoir notre «servitude» à Dieu tous les jours, mais surtout pendant le Ramadan. Arrivons-nous à remplir correctement nos fonctions de parents, d'enfants, d'époux, d'enseignants, d'élèves, d'hommes d'affaire, de directeurs et de citoyens? C'est en ces jours sacrés qu'il faut s'attacher davantage à faire son auto-critique, déterminer nos défauts et nos erreurs, et nourrir en soi l'espoir et la résolution de devenir meilleurs, plus utiles et plus productifs.

LES FEMMES PEUVENT-ELLES PRENDRE DES MÉDICAMENTS AFIN DE RETARDER LEURS RÈGLES PENDANT LE RAMADAN ?

La religion n'interdit pas d'utiliser des médicaments dans le but de pouvoir jeûner, lire le Coran et prier tout le long du Ramadan, et de ne pas avoir de jours de jeûne à rattraper.

D'ailleurs, le fait de retarder ses règles dans ce but existait déjà à l'époque du Prophète. Les femmes qui faisaient cela utilisaient l'eau dite «d'arak». Abdullah bin Omar a affirmé qu'il n'y avait pas de mal à faire usage de cette eau spéciale. Aujourd'hui, les femmes peuvent utiliser des médicaments au lieu de cette eau.

Cependant, en raison des effets secondaires de ces produits pharmaceutiques, il n'est pas recommandé de les employer pour cela. Celles qui craignent pour leur santé et pour la régularité de leurs menstruations ne devraient pas les employer. Pour les autres, religieusement, cela est permis.

QUELLES SONT LES PERSONNES QUI NE JEÛNENT PAS MAIS QUI DOIVENT FAIRE SEMBLANT DE JEÛNER ?

1. Celui qui ne jeûnait pas en raison d'un voyage et qui rentre chez lui après l'aube doit se comporter comme s'il jeûnait, c'est-à-dire qu'il ne doit pas manger, boire ou avoir des rapports avec son conjoint jusqu'au moment de l'iftar.
2. Le malade qui guérit pendant la journée doit agir de même. Selon les différents avis juridiques, cela est obligatoire ou recommandé.
3. Les femmes dont les menstruations ou lochies se terminent après l'aube sont dans le même cas.

Toutes ces personnes peuvent manger et boire; elles ne sont pas obligées de paraître comme des jeûneurs. Toutefois, notamment parce que les gens qui les verraient manger pourraient se faire de fausses idées, il semble plus convenable, et plus poli, qu'elles se cachent pour manger.

LE JEÛNE DE CELUI QUI MET UN PRODUIT OU QUELQUE CHOSE COMME DES CLOUS DE GIROFLE SUR SA DENT QUI LUI FAIT MAL EST-IL VALIDE ?

Si le jeûneur applique quelque chose comme un clou de girofle sur sa dent malade et qu'il en ressent le goût jusque dans la gorge, cela ne rompt pas son jeûne. Ce qui compte, c'est que le médicament ou autre produit appliqué n'aille pas dans l'estomac. Il est écrit dans le livre de Muhît: «Le jeûne n'est pas rompu si l'on ressent le goût ou l'odeur des médicaments dans sa gorge.» Dans les autres ouvrages de jurisprudence, on lit le jugement suivant: «Si le jeûneur avale un morceau de nourriture resté entre ses dents, il faut prendre en considération la taille de ce morceau. S'il est plus petit qu'un pois chiche, le jeûne reste valide, sinon, le jeûne est rompu et doit être rattrapé plus tard.»

Mais il faut être scrupuleux et s'efforcer, tant que possible, d'utiliser des médicaments seulement après l'iftar, afin de ne pas être ensuite tiraillé par les doutes. En cas de nécessité, comme pour le cas d'une douleur insoutenable, la chose est de toute façon permise. La nécessité légitime les choses douteuses.

QUE DOIT FAIRE LA PERSONNE ÂGÉE QUI NE PEUT PAS ET NE POURRA JAMAIS JEÛNER ?

Ceux qui sont contraints, par l'âge ou la santé, à ne pas jeûner doivent payer une compensation appelée *fidya*. Pour chaque jour de jeûne non accompli, il faut offrir une compensation à un pauvre, c'est-à-dire un montant équivalent au fitra. Ce qu'il donne en compensation ne doit pas être inférieur à ce qu'il donne habituellement comme fitra lors de l'Aïd al-Fitr. Le paiement de la compensation ôte le poids de la responsabilité du jeûne du malade ou du vieillard.

Toutefois, si le croyant malade et incapable de jeûner a payé la compensation, puis plus tard a retrouvé la santé, il a à nouveau la responsabilité de jeûner. Il doit alors rattraper tous les jours de jeûne pour lesquels il avait payé une compensation. Sinon, cela reviendrait à payer un pauvre pour qu'il accomplisse pour nous nos actes d'adoration, ce qui est illicite.

Ceux qui ne peuvent pas jeûner et qui n'en ont pas la possibilité sont considérés comme ayant jeûné dès lors qu'ils paient la compensation. Mais si ces personnes n'ont pas les moyens de payer la compensation, alors elles sont aussi exemptes de ce paiement. Ce qui leur reste alors à faire est de supplier le Seigneur, de se repentir de leurs péchés et d'implorer Son pardon.

QUELQUES CITATIONS CONCERNANT LE JEÛNE

Quelques paroles du saint Prophète:

- Le jeûne est un dépôt (une chose qui nous a été confiée). Alors que chacun de vous protège et épargne le dépôt que Dieu lui a confié.
- Ce qui est meilleur que le jeûne, la prière prescrite et l'aumône, c'est de réconcilier les gens.
- S'abstenir de boire et de manger n'est pas jeûner. Le jeûne, c'est ne pas dire de mauvaises paroles, se préserver des mauvaises relations, se sauver de l'emprise de son moi charnel et s'abstenir de faire des mauvaises actions.
- Que celui d'entre vous qui a les moyens de se marier, se marie. Car le mariage protège davantage les yeux (du péché) et préserve plus contre les rapports illicites (adultère ou fornication). Quant à celui qui n'en a pas les moyens, qu'il jeûne, car l'une des vertus du jeûne est de briser le désir sexuel.
- Trois prières ne sont pas rejetées: la prière du jeûneur, la prière de l'invité et la prière de l'opprimé.

Quelques citations de grands personnages:

- Il n'y a pas de bien (*khayr*) dans 7 choses:
  - la prière prescrite dénuée d'humilité et de conscience de Dieu
  - le jeûne pratiqué sans s'abstenir des futilités
  - la lecture hâtive du Coran, en prononçant mal ces mots

- l'acte d'adoration qui n'empêche pas de commettre des péchés
- les biens où la générosité est absente
- l'amitié où la sincérité est absente
- la supplication où la ferveur est absente. (Ali, Compagnon du Prophète)

- Si l'adoration était un oiseau, certes elle s'envolerait avec les ailes de la prière (*salât*). (Yahya bin Muadh)
- Le jeûneur qui ne jeûne pas est celui qui mange et boit, mais qui protège ses membres des péchés. Le non-jeûneur qui jeûne est celui qui s'abstient de manger et de boire, mais qui ne protège pas ses membres des péchés. (Imam Ghazalî)
- L'une des règles de bonne conduite du jeûne est de ne pas dormir pendant la journée afin de pouvoir ressentir la faim, la soif et la faiblesse. (Imam Ghazalî)
- Celui qui s'abstient de boire et de manger tout en s'occupant à commettre des péchés ressemble à celui qui, lors des ablutions, ne fait que toucher ses membres trois fois et semble ainsi s'être conformé à la coutume; alors que ce qui importe par dessus-tout est de laver les membres, chose qu'il a manqué de faire. (Imam Ghazalî)
- Le vénérable Senûsî craignait tellement Dieu, avait tellement conscience d'être constamment surveillé par Lui et était si souvent en état de méditation contemplative, qu'il se sentait sur terre comme dans une prison. Il jeûnait un jour sur deux. Si on lui donnait à manger, il mangeait, sinon, il ne demandait jamais à manger aux autres. En certains jours où il jeûnait, on lui demandait: «Est-ce que vous jeûnez aujourd'hui?», à quoi il répondait: «Je ne suis ni jeûneur, ni non-jeûneur». Il ne pouvait pas dire qu'il ne jeûnait pas car il avait prononcé son intention de jeûner; et il ne pouvait pas non plus affirmer qu'il jeûnait car il ne se considérait pas comme pratiquant le jeûne à la perfection. À ceux qui ne saisissaient pas la subtilité d'une telle réponse et qui lui demandaient: «Ne savez-

vous donc pas si oui ou non vous jeûnez?», il se contentait d'un sourire en guise de réponse. (Senûsî)

- La prière prescrite t'amènera à mi-chemin, le jeûne te conduira jusqu'à la porte du Souverain, et l'aumône te permettra d'être présenté à Lui.(Omar bin Abdulaziz)
- Par beaucoup de ses aspects, le jeûne est la clé de la gratitude, laquelle est la véritable fonction de l'être humain.(Said Nursi)
- Le jeûne du noble Ramadan est la clé d'une reconnaissance réelle, pure, grande et générale.(Said Nursi)
- Le jeûne du saint Ramadan est une attaque directe sur le front pharaonique de notre ego, une attaque qui le brise. Le jeûne lui montre sa faiblesse et son impuissance, et rappelle à l'homme sa servitude.(Said Nursi)
- Pendant le mois de Ramadan, l'ego de chacun, riche ou pauvre, comprend qu'il n'est pas possesseur mais possession, et n'est pas libre mais esclave. Si l'ordre n'était pas donné, il ne pourrait pas même faire la chose la plus facile et la plus anodine; parce qu'il ne peut même pas toucher à l'eau, sa fausse souveraineté se brise, il revêt sa tenue de serviteur, et accomplit son véritable devoir qu'est la gratitude (*shukr*).(Said Nursi)
- Le jeûne le plus parfait est celui où tous les sens et facultés de l'être humain, comme la vue, l'ouïe, l'imagination, la pensée et le cœur jeûnent également. En ce sens, l'homme doit s'écarter de tout ce qui est illicite et futile, et doit amener tous ses organes à adorer Dieu chacun à sa façon. (Said Nursi)
- Le jeûne, tel un remède miracle, est une diète matérielle et spirituelle.(Said Nursi)
- Le remède de l'impatience, qui multiplie les souffrances de l'humanité, est le jeûne.(Said Nursi)
- Ceux qui ne jeûnent pas sont écrasés sous le poids de leur corps et n'atteindront jamais entièrement la maturité spirituelle.(M. Fethullah Gülen)

- Le jeûne est le plus bel acte d'adoration où se manifeste le sentiment de fidélité. (M. Fethullah Gülen)
- Grâce au jeûne, l'être humain fait obstacle aux insufflations sataniques… et ce faisant, il saisit les brides et s'efforce d'orienter son moi charnel. (M. Fethullah Gülen)
- Un autre sens du jeûne est celui de régime pour le corps et de mortification pour l'âme. (M. Fethullah Gülen)
- Le jeûne nous enseigne à toujours respecter le dépôt qui nous a été confié, aussi bien en public qu'en secret. (M. Fethullah Gülen)

RÉFÉRENCES

Le Saint Coran, traduction du sens de ses versets par Muhammad Hamidullah.

Abd b. Humeyd, *Müsned, Mektebetü's-Sünne*, Le Caire, 1988

Abdulfettah Tabbara, *İlmin Işığında İslâmiyet*, Traducteur: Mustafa Öz, Editions Kalem, Istanbul, 1977

Abdulfettah Tabbara, *Ruhu'd-Dîni'l-İslâmî*, Beyrouth, 1977

Abdurrezzak Nevfel, *İslâm ve Modern İlim*, Editions Sönmez, Istanbul, 1870

Ahmed b. Hanbel, Ebû Abdullah Ahmed b. Muhammed b. Hanbel; *Müsned*, Beyrouth, 1969

Ahmet Çelebi, *Mukayeseli Dinler Açısından Yahudilik*, Traducteur: A. M. Büyükçınar, Ö. F. Harman, Istanbul, 1978

Ahmet Kahraman, *Dinler Tarihi*, Istanbul, 1975

Groupe de Recherche Académique, *Bir Müslümanın Yol Haritası*, Editions Işık, Istanbul, 2005

Ali el-Kârî, *Mirkâtü'l-Mefâtih, Matbaatu'l-Meymeniyye*, Le Caire, 1309

Ali El-Müttakî, Alâuddin el-Müttakî b. Hüsamüddin el-Hindî, *Kenzu'l-Ummâl Fi Süneni'l-Akvâli ve'l-Ef'âl*, Müessesetü'r-Risale, Beyrouth, 1989

Alparslan Özyazıcı, *Din ve bilimin ışığında Oruç ve Sağlık*, Editions Diyanet İşleri Başkanlığı, Ankara, 2004

Ayni, *el-Binâye fî Şerhi'l-Hidâye*, Dâru'l-Fikr, Beyrouth, 1980

Aynî, *Umdetu'l-Kârî, Şerike Mektebe ve Matbaa el-Halebî, ve Evlâduhû*, Le Caire, 1972

Said Nursi, *Risale-i Nur Külliyatı*, I-II, Editions Nesil, Istanbul, 2002

Beyhaki, *es-Sünenü'l-Kübra, Dâiratu'l-Maârifi'l-Osmaniyye*, Haydarabad, 1344

Buhârî, Muhammed b. İsmail; *el-Câmiu's-Sahih, Dâru'l-Kütübi'l-İlmiyye*, Beyrouth, 1994.

Buhuti, *Keşşafu'l-Kına*, Dâru'l-Fikr, Beyrouth, 1982

Celal Kırca, *Kur'ân-ı Kerim'de Fen Bilimleri*, Editions Marifet, Istanbul, 1984

Darimi, *Sünenu'd-Dârimî*, Dâru'l-Kitâbi'l-Arabî, Beyrouth, 1987

Desûki, *Haşiye ale'ş-Şerhi'l-Kebir*, Dâru'l-Kütübi'l-Arabiyye, y.y., 1912

Ebû Davud, Süleyman b. Eş'as Es-Sicistânî, *Es-Sünen, Dâru'l-Cinân*, Beyrouth, 1988

Elmalılı Hamdi Yazır, *Hak Dini Kur'ân Dili*, Eser Neşriyat, Istanbul, 1978

Gazali, *İhyâu Ulûmi'd-Din*, Editions Arslan, Istanbul, 1993

Hafid İbn Rüşt, *Bidayetü'l-Müctehid, Mektebetü't-Ticareti'l-Kübra*, Le Caire, tsz.

Hâkim en-Neysâbûrî, *Müstedrek*, Dâru'l-Kütübi'l-İlmiyye, Beyrouth, 1990

Haluk Nurbaki, *Kur'ân-ı Kerim'den Ayetler ve İlmî Gerçekler*, Türkiye Diyanet Vakfı, Ankara, 1993

Collectif, "Santé et Ramadan", Ier Congrès International, Casablanca, 1994

Collectif, *el-Mevsuatü'l-Fıkhiyye, Vezaretü'l-Evkaf ve'ş-Şuuni'l-İslamiyye*, Koweït, 1983

İbn Abdi'l-Berr, *et-Temhid, Vezaretü'l-Evkaf ve'ş-Şuuni'l-İslamiyye*, Tıtvan, 1974

İbn Abidin, *Reddü'l-Muhtar, Şerike Mektebe ve Matbaa Mustafa el-Babi el-Halebi*, Le Caire, 1966

İbn Ebi Şeybe, *Musannef, Matbaatü'l-Aziziye*, Haydarabad, 1966

İbn Kudame, *Muğni, Mektebetü'l-Cumhuriyyeti'l-Arabiyye*, Riyad, tsz.

Ibn Madja, Muhammed b. Yezid El-Kazvînî, *Es-Sünen, Dâru'l-Kütübi'l-İlmiyye*, Beyrouth, Tsz.

İbrahim Canan, *Hz. Peygamber'in Sünnetinde Terbiye*, Editions Cihan, Istanbul, 1982.

İmam Malik, Malik b. Enes el-Esbahî, el-Muvatta, tlk.: Muhammed Fuad Abdülbaki, Dâru'l–Hadis, Le Caire, 1993

İmam Rabbani, *Mektubat-ı Rabbani*, Editions Cümle, Istanbul, 1986

Kandehlevi, *Evcezü'l-Mesalik ila Muvatta Malik*, Darü'l-Fikr, Beyrouth, 1989

Kâsânî, *Bedâiüs-Sanâi'*, Darü'l-Kütübi'l-İlmiyye, Beyrouth, 1997

M. Fuad Abdulbakî, *Mucemu'l-Müfehres li Elfazi'l- Kur'ân*, Daru'l-Hadîs, Kahire, 1988

Mehmet Demirci, "İbadetlerin İç Anlamı", Revue Tasavvuf, sayı: 3, Ankara, 2000

Mehmet Taplamacıoğlu, *Karşılaştırmalı Dinler Tarihi*, Güneş Matbaacılık, Ankara, 1966

Mevsilî, *el-İhtiyar*, Editions Çağrı, Istanbul, 1987

Münzirî, *et-Terğîb ve't-Terhîb*, Editions Pamuk, Istanbul

Müslim, Ebû'l-Huseyn el-Haccâc el-Neysâbûrî; Sahîhu Müslim, Dâru İhyâi't-Türâsi'l-Arabî, Beyrouth, tsz.

Nedvî, *Dört Rükun*, Editions Nehir, Istanbul, tsz.

Nesaî, Ebû Abdurrahman Ahmed b. Şuayb en–Nesâî, *es–Sünenü'l–Kübrâ*, thk. Abdulgaffar Süleyman el–Bündârî – Seyyid Hasan, Beyrouth, 1411/1991

Nevevi, *Mecmû*, Dâru'l-Fikr, Beyrouth, tsz.

Ömer Faruk Harman, *Metin, muhteva ve kaynak açısından Yahudi kutsal kitapları*, Istanbul, 1988

Said Havva, *el-İslâm*, Daru's-Selâm, Le Caire 1988

Serahsi, *Mebsut*, Matbaatü's-Saade, Le Caire, 1331

Seyfettin Yazıcı, *Ramazan ve Oruç*, Editions Diyanet, Ankara, 1997

Şihabüddin er-Remli, *Nihayetü'l-Muhtac*, Dâru'l-Fikr, Beyrouth, 1984

Taberânî, *Mu'cemu'l-Evsat*, Mektebetu'l-Maarif, Riyad, 1985

Taberânî, *Mu'cemu'l-Kebîr*, Mektebetu'l-Maarif, Riyad, 1985

Tahir Olgun, *Müslümanlıkta İbadet Tarihi*, Istanbul, 1946

Tahsin Feyizli, *İslam'da ve Diğer İnanç Sistemlerinde Oruç-Kurban*, Editions Milli Eğitim Bakanlığı, Istanbul, tsz.

Tehanevi, *İ'laü's-Sünen, İdaretü'l-Kur'an Wa'l-Ulum*, Karachi, 1415

Tirmizî, Ebû İsa Muhammed b. İsa, *El-Câmiu's-Sahih*, Beyrouth, Tsz.

Zeylai, *Nasbu'r-Raye*, El-Mektebetü'l-İslamiyye, y.y., 1973

Zuhayli, *el-Fıkhu'l-İslâmî ve Edilletuhû*, Dâru'l-Fikr, Dımaşk, 1985.